Psychotherapie kompakt

Herausgegeben von

Harald J. Freyberger
Rita Rosner
Ulrich Schweiger
Günter H. Seidler
Rolf-Dieter Stieglitz
Bernhard Strauß

Harald Ullmann
Andrea Friedrichs-Dachale
Waltraut Bauer-Neustädter
Ulrike Linke-Stillger

Katathym Imaginative Psychotherapie (KIP)

Mit Beiträgen von Götz Biel, Wilfried Dieter,
Kornelia Gees, Barbara Hauler,
Leonore Kottje-Birnbacher, Ulrich Sachsse,
Christoph Smolenski, Beate Steiner
und Eberhard Wilke

Verlag W. Kohlhammer

Dieses Werk einschließlich aller seiner Teile ist urheberrechtlich geschützt. Jede Verwendung außerhalb der engen Grenzen des Urheberrechts ist ohne Zustimmung des Verlags unzulässig und strafbar. Das gilt insbesondere für Vervielfältigungen, Übersetzungen, Mikroverfilmungen und für die Einspeicherung und Verarbeitung in elektronischen Systemen.

Die Wiedergabe von Warenbezeichnungen, Handelsnamen und sonstigen Kennzeichen in diesem Buch berechtigt nicht zu der Annahme, dass diese von jedermann frei benutzt werden dürfen. Vielmehr kann es sich auch dann um eingetragene Warenzeichen oder sonstige geschützte Kennzeichen handeln, wenn sie nicht eigens als solche gekennzeichnet sind.

1. Auflage 2017

Alle Rechte vorbehalten
© W. Kohlhammer GmbH, Stuttgart
Gesamtherstellung: W. Kohlhammer GmbH, Stuttgart

Print:
ISBN 978-3-17-030519-9

E-Book-Formate:
pdf: ISBN 978-3-17-030520-5
epub: ISBN 978-3-17-030521-2
mobi: ISBN 978-3-17-030522-9

Für den Inhalt abgedruckter oder verlinkter Websites ist ausschließlich der jeweilige Betreiber verantwortlich. Die W. Kohlhammer GmbH hat keinen Einfluss auf die verknüpften Seiten und übernimmt hierfür keinerlei Haftung.

Geleitwort zur Reihe

Die Psychotherapie hat sich in den letzten Jahrzehnten deutlich gewandelt: In den anerkannten Psychotherapieverfahren wurde das Spektrum an Behandlungsansätzen und -methoden extrem erweitert. Diese Methoden sind weitgehend auch empirisch abgesichert und evidenzbasiert. Dazu gibt es erkennbare Tendenzen der Integration von psychotherapeutischen Ansätzen, die sich manchmal ohnehin nicht immer eindeutig einem spezifischen Verfahren zuordnen lassen.

Konsequenz dieser Veränderungen ist, dass es kaum noch möglich ist, die Theorie eines psychotherapeutischen Verfahrens und deren Umsetzung in einem exklusiven Lehrbuch darzustellen. Vielmehr wird es auch den Bedürfnissen von Praktikern und Personen in Aus- und Weiterbildung daran gelegen sein, sich spezifisch und komprimiert Informationen über bestimmte Ansätze und Fragestellungen in der Psychotherapie zu informieren. Diesem Bedürfnis soll die Buchreihe „Psychotherapie kompakt" entgegenkommen.

Die von uns herausgegebene neue Buchreihe verfolgt den Anspruch, einen systematisch angelegten und gleichermaßen klinisch wie empirisch ausgerichteten Überblick über die manchmal kaum noch überschaubare Vielzahl aktueller psychotherapeutischer Techniken und Methoden zu geben. Die Reihe orientiert sich an den wissenschaftlich fundierten Verfahren, also der Psychodynamischen Psychotherapie, der Verhaltenstherapie, der Humanistischen und der Systemischen Therapie, wobei auch Methoden dargestellt werden, die weniger durch ihre empirische, sondern durch ihre klinische Evidenz Verbreitung gefunden haben. Die einzelnen Bände werden, soweit möglich, einer vorgegeben inneren Struktur folgen, die als zentrale Merkmale die Geschichte und Entwicklung des Ansatzes, die Verbindung zu anderen

Methoden, die empirische und klinische Evidenz, die Kernelemente von Diagnostik und Therapie sowie Fallbeispiele umfasst. Darüber hinaus möchten wir uns mit verfahrensübergreifenden Querschnittsthemen befassen, die u. a. Fragestellungen der Diagnostik, der verschiedenen Rahmenbedingungen, Settings, der Psychotherapieforschung und der Supervision enthält.

Harald J. Freyberger (Stralsund/Greifswald)
Rita Rosner (Eichstätt-Ingolstadt)
Ulrich Schweiger (Lübeck)
Günter H. Seidler (Dossenheim/Heidelberg)
Rolf-Dieter Stieglitz (Basel)
Bernhard Strauß (Jena)

Inhalt

Geleitwort zur Reihe 5

Vorwort 11
Harald Ullmann

1 Geschichte der KIP 13
   Eberhard Wilke
   1.1 Historische Vorläufer 13
   1.2 KB, KIP, Symboldrama – zur wechselnden
       Namensgebung des Verfahrens 14
   1.3 Eine therapeutische Schule 15
   1.4 Innerdeutsche Entwicklung 16
   1.5 Internationale Verbreitung 16

2 KIP im Vergleich zu anderen Behandlungsansätzen 17
   Götz Biel
   2.1 Analytische Psychologie nach C. G. Jung 17
   2.2 Verhaltenstherapie (VT) 18
   2.3 Hypnotherapie 19
   2.4 Systemische Therapie 20

3 Wissenschaftliche und therapietheoretische Grundlagen 22
   Harald Ullmann
   3.1 Psychotherapie mit dem Tagtraum – Behandlung
       von Geist und Körper 22
   3.2 Katathyme Imagination und episodisches
       Gedächtnis 25

| 3.3 | Symbole und Symbolisierung | 27 |
| 3.4 | Wie die Bilder gut »laufen lernen« | 29 |

4 Kernelemente der Diagnostik 31
Harald Ullmann
4.1	»Objektive« Diagnostik im Kontext der Interaktion	31
4.2	Initialer Tagtraum und Strukturdiagnostik	33
4.3	Die Beziehung im Fokus der KIP und ihrer Motivgestaltung	34
4.4	Zur therapeutischen Seite der diagnostischen Trias: Fallbeispiele	37

5 Kernelemente der Therapie 46
Harald Ullmann
5.1	Eine psychodynamische Methode und ihre Besonderheiten	46
5.2	Zur vertikalen Systematik: die Grundstufe	48
5.3	Phantasieren – Imaginieren – Symbolisieren	53
5.4	Zur vertikalen Systematik: die Aufbaustufe	56
5.5	Zur horizontalen Systematik: der Tagtraum und was darauf folgt	58
5.6	Anwendungsbereiche, mnestischer Prozess und Konsolidierung	64

6 Fallbeispiel 69
Waltraut Bauer-Neustädter

7 Ausgewählte Indikationsbereiche 82
7.1	Neurosen und Persönlichkeitsstörungen	82
	Wilfried Dieter	
7.2	Psychosomatische Erkrankungen	100
	Eberhard Wilke	
7.3	Somatoforme Schmerzstörungen und chronische Schmerzerkrankungen	111
	Kornelia Gees	

	7.4	Psychoonkologie	117
		Barbara Hauler	
	7.5	Psychotraumatische Belastungsstörungen	123
		Beate Steiner	

8 Settings und therapeutische Beziehung 129
Ulrike Linke-Stillger
    8.1   Spezifische Qualitäten der therapeutischen
          Beziehung in der Einzeltherapie 130
          Ulrike Linke-Stillger
    8.2   Ambulante Gruppentherapie mit KIP (G-KIP) 141
          Ulrike Linke-Stillger
    8.3   KIP in der Klinik 144
          Andrea Friedrichs-Dachale
    8.4   Kinder- und Jugendlichenpsychotherapie 160
          Waltraut Bauer-Neustädter

9 Wissenschaftliche und klinische Evidenz 165
Leonore Kottje-Birnbacher und Ulrich Sachsse
    9.1   Ist KIP nach den Kriterien der Wissenschaft und
          Klinik eine effiziente Psychotherapiemethode? 165
    9.2   Unterscheiden sich Imaginationen vom üblichen
          Miteinander-Sprechen? Physiologische Unter-
          schiede 168
    9.3   Wodurch wirkt KIP? Emotionale Veränderungen
          beim Imaginieren 169

10 Institutionelle Verankerung 170
Christoph Smolenski

11 Hinweise zu Aus-, Fort- und Weiterbildung 172
Andrea Friedrichs-Dachale

Inhalt

Literatur 176

Die Autorinnen und Autoren 186

Stichwortverzeichnis 189

Vorwort

Harald Ullmann

Das vorliegende Buch über die *Katathym Imaginative Psychotherapie (KIP)* fügt sich in einen editorischen Rahmen, der Raum für die Darstellung unterschiedlicher Formen von Psychotherapie und ihrer jeweiligen Besonderheiten eröffnet. Die Zahl der mitarbeitenden Autoren entspricht der Vielfalt von Anwendungsmöglichkeiten und Indikationsbereichen unserer Methode. Einige davon (z. B. die Behandlung alter Menschen mit der KIP) konnten aus Platzgründen in diesem kompakten Buch nicht mit einem eigenen Kapitel Aufnahme finden. Wer sich über das gesamte Spektrum informieren möchte, sei auf das unlängst erschienene Handbuch verwiesen (Ullmann und Wilke 2012). Wer die KIP erlernen will, hat die Auswahl unter mehreren Lehrbüchern und erfährt fachliche Anleitung in einem von den Fachgesellschaften vorgehaltenen, reichhaltigen Programm der Aus-, Weiter- und Fortbildung (▶ Kap. 11).

Nachfolgend findet der Leser eine Art von Leitfaden durch diese tiefenpsychologisch fundierte Methode. Die *Psychotherapie mit dem Tagtraum* erhielt im Laufe der Zeit mehrere Bezeichnungen, die neben dem eingangs genannten offiziellen Begriff weiterhin gerne benutzt werden. Was auf den ersten Blick verwirrend erscheinen mag, verdeutlicht bei näherer Betrachtung verschiedene Aspekte eines multimodalen Therapieansatzes, die kaum je in einem einzigen Begriff unterzubringen sind. Wir haben uns deshalb dafür entschieden, keine redaktionelle Vereinheitlichung anzustreben, sondern die offenbar geschätzten und ohnehin weiter gebräuchlichen Synonyme zu erläutern, um die vorhandene Vielfalt an Metaphern zu nutzen.

Während der Zeit der ersten Experimente mit therapeutisch induzierten, spezifischen Tagträumen wurden diese als *Katathymes Bild-*

erleben (KB) oder *Symboldrama* bezeichnet. Der erste Begriff zielt auf das essentielle affektive Element und die Qualität der lebhaften Erfahrung, der zweite auf den Symbolgehalt und die szenisch-dramaturgische Potenz der anfänglich so genannten *Tagtraumtechnik*. Daraus wurde mit dem Zuwachs an technischem Repertoire und therapeutischen Erfolgen schließlich eine eigenständige Behandlungsform, die nun als *Tagtraummethode* gelten konnte. Der konventionelle Begriff *Katathym Imaginative Psychotherapie (KIP)* macht deutlich, dass die im begleiteten Tagtraum zur Entfaltung kommende »katathyme« (affektgetragene) Imagination als zentrales Moment wie als integraler Bestandteil eines therapeutischen Prozesses zu betrachten und zu handhaben ist. In unserem heutigen Verständnis ist die KIP eine psychodynamische Methode, die andere Ansätze der Psychotherapie partiell auf kreative Weise zu integrieren vermag.

Auf den folgenden Seiten lässt sich die KIP von den historischen Anfängen und den Grundlagen her Schritt für Schritt erkunden. Andererseits haben die empirischen und fallbezogenen Momente in der Entwicklung wie in der didaktischen Vermittlung der Methode stets eine wichtige Rolle gespielt. So wäre es durchaus angemessen, die Lektüre dieses Buchs mit der ausführlichen Darstellung eines Behandlungsprozesses zu beginnen (▶ Kap. 6). Wer darüber hinaus an einer repräsentativen Zusammenstellung längerer Fallgeschichten interessiert ist, sei auf ein Buch mit dem Titel »Das Bild und die Erzählung in der Psychotherapie mit dem Tagtraum« (Ullmann 2001) hingewiesen, das zusammen mit den Lehrbüchern und dem Handbuch im Rahmen der methodischen Kernelemente erwähnt ist (▶ Kap. 4 und 5). Behandlungsprozesse im gruppentherapeutischen Setting werden im Kapitel über KIP in der Klinik nachgezeichnet (▶ Kap. 8.3).

Seit Begründung der Methode wurden die Möglichkeiten der KIP von ihren Anwendern und Dozenten in einem Zeitraum von sieben Jahrzehnten immer wieder ausgeweitet, begleitet von entsprechenden Veränderungen in der Theorie der Praxis. Die dem vorliegenden Buch zu entnehmende Zusammenstellung von Anwendungsgebieten und Indikationen (▶ Kap. 5.6) ist als vorläufiger Stand der Dinge zu betrachten, denn die KIP wird fortlaufend weiterentwickelt.

1 Geschichte der KIP

Eberhard Wilke

Hanscarl Leuner (1919–1996) wurde bei seiner Emeritierung als Leiter der Klinik für Psychosomatik und Psychotherapie der Universität Göttingen von Journalisten gefragt, was denn eigentlich der Kern des von ihm entwickelten Verfahrens sei, das ursprünglich »Katathymes Bilderleben« (KB) hieß und später die Bezeichnung »Katathym Imaginative Psychotherapie« (KIP) erhielt. Er antwortete: Der Therapeut fordert seinen Patienten auf, er möge sich bequem hinsetzen, die Augen schließen, sich ein wenig entspannen, aber nicht zu sehr, sich dabei locker und neugierig fühlen, um dann vor seinem inneren Auge die Vorstellung einer Blume entstehen zu lassen, es könne auch etwas anderes auftauchen, das sei dann nicht weniger gut. Wichtig sei, dass er alles, was er sehen, hören oder fühlen könne, ihm, dem Therapeuten mitteile und dabei besonders auf die Gefühle achte. Dies sei der Kern der Methode.

1.1 Historische Vorläufer

Aus seiner Psychoanalyse nach C. G. Jung, der sich H. Leuner als junger Psychiater bei Schmaltz, einem Schüler Jungs, unterzog, kannte er die aktive Imagination und die Macht der Symbole. Er war davon überzeugt, den therapeutischen Prozess intensivieren zu können, wenn der Imaginierende seinem Therapeuten den Tagtraum – anders als bei C. G. Jung – bereits im Moment seines Entstehens simultan mitteilt und ihn so durch einen Bericht »in statu nascendi« in seinen kreativen Prozess einbezieht.

Leuner berief sich u. a. auf Arbeiten von Silberer über die »Symbolik des Erwachens und Schwellensymbolik überhaupt« (1909, 1911), auf das »Bildstreifendenken« von Kretschmer (1922), auf das »Bildbewusstsein« von Happich (1932) und auf Frederking (1948). Die Kenntnis der Oberstufe des Autogenen Trainings (AT) nach J. H. Schultz war bedeutsam, allerdings sind der imaginative Prozess und der Bericht darüber bei Schultz – wie bei C. G. Jung – zeitlich versetzt, und es ist weniger evident, dass es sich um einen gemeinsamen kreativen Prozess von Patient und Therapeut handelt, wie dies bei der KIP augenscheinlich der Fall ist. Mehr Übereinstimmungen gibt es mit der Tagtraumtechnik nach Desoille (1945). Der »rêve éveillé dirigé« als gelenkter Wachtraum zeigt eine methodische Ähnlichkeit, ist aber direktiver angelegt. Der Imaginationsforscher Singer hielt das damals noch so genannte Katathyme Bilderleben im Vergleich mit anderen europäischen Ansätzen für die am besten konzipierte und strukturierte imaginative Psychotherapiemethode (Singer und Pope 1986, S. 147).

Das liegt auch darin begründet, dass Leuner sich früh um eine gute Lehrbarkeit bemühte. Er teilte seine Methode in Grundstufe, Mittelstufe und Oberstufe ein (▶ Kap. 5) und entwickelte Standardmotive die dem Patienten vor allem in der Grundstufe den Zugang zu seiner inneren Welt erleichtern und dem Therapeuten eine gewisse Handlungssicherheit geben.

1.2 KB, KIP, Symboldrama – zur wechselnden Namensgebung des Verfahrens

In den ersten grundlegenden Publikationen (1954, 1955, 1964) nannte Leuner sein Verfahren zunächst »Katathymes Bilderleben«. Das Wort »Bilderleben« sollte den bildhaften Erlebnischarakter des imaginativen Geschehens betonen. Der Ausdruck »katathym« (griech. »von der Seele herab«, »der Seele gemäß«) die Bindung der Imagination an die Emotion. In der Tat ist die emotionale Aktivierung eine wesentliche Eigenheit der KIP. In manchen Ländern wird die Methode als »Symboldrama« bezeichnet, so in Holland, Schweden und in russischsprachigen Ländern. Dieser Ausdruck nimmt Bezug darauf, dass sich hier innerseelische Spannungen in dramatischer Form inszenieren und so verdeutlichen. Der Wechsel der ursprünglichen Bezeichnung zum offiziellen Begriff »Katathym Imaginative Psychotherapie« macht deutlich, dass es sich nicht nur um eine bestimmte Erlebnisform, sondern um eine spezifische Methode der Psychotherapie handelt. In der angelsächsischen Welt hat sich die Bezeichnung »Guided Affective Imagery« (GAI) durchgesetzt (Leuner 1969), in Frankreich und der französischen Schweiz spricht man von »imagination catathymique«.

1.3 Eine therapeutische Schule

Leuner versammelte bald eine Gruppe von Ärzten und Psychologen um sich, die zum Bekanntwerden der Therapiemethode beitrugen. Viele brachten eine psychoanalytische Ausbildung mit und waren auf der Suche nach einer Erweiterung der therapeutischen Möglichkeiten. Die Anwendung der KIP ist in Deutschland bis heute dem Beruf des Psychologen oder Arztes vorbehalten (▶ Kap. 10). Leuner war ein neugieriger und kreativer Mensch, in der Gruppe seiner Schüler herrschte ein offener und stets weiter fragender Geist, der bis heute und über seinen Tod hinaus fortwirkt.

Mit der Zeit kamen neue Anwendungsgebiete hinzu, etwa die Anwendung in der Gruppe, in der Paartherapie, in der Familientherapie oder in Kombination mit anderen Ansätzen der Psychotherapie. Wirksamkeitsnachweise führten zur kassentechnischen Anerkennung im Rahmen eines psychodynamischen Therapiekonzepts.

Die Entdeckung einer besonderen Wirksamkeit der KIP bei der Behandlung psychosomatischer Patienten (einer »zweiten« therapeutischen Dimension nach der zunächst entwickelten Neurosentherapie entsprechend) bedeutete für die Methode als solche einen wichtigen Entwicklungsschritt (▶ Kap. 7.2), ebenso die Entdeckung der Möglichkeit, traumatisierte Menschen mit einem imaginativen Ansatz zu behandeln. Hier stehen im Rahmen der KIP heute ausdifferenzierte Strategien zur Verfügung (▶ Kap. 7.5).

1.4 Innerdeutsche Entwicklung

Die KIP gehörte zu den wenigen psychodynamischen Ansätzen, die in der DDR der Vorwendezeit verbreitet waren. Im Zentrum der Aktivitäten stand eine Arbeitsgruppe um H. Hennig und E. Fikentscher in Halle. Ein großer Internationaler Kongress dort wurde in der Vorwendezeit geplant und fand 1990 schließlich bei offener Grenze statt.

1.5 Internationale Verbreitung

Die katathyme Imaginationsmethode hat sich rasch auch in anderen Ländern verbreitet (▶ Kap. 10), zunächst in Österreich und in der Schweiz, dann in Schweden und in den Niederlanden. Erstaunlich groß war das Interesse im Baltikum, in Tschechien und in der Slowakei. Auch dort gibt es mittlerweile nationale Gesellschaften, die ihre eigenen Curricula vorhalten und schon Gastgeber internationaler Kongresse waren. In den Nachfolgestaaten der ehemaligen Sowjetunion haben sich die Aktivitäten und Mitgliederzahlen der Fachgesellschaft besonders beeindruckend entwickelt.

2 KIP im Vergleich zu anderen Behandlungsansätzen

Götz Biel

Kernstück der therapeutischen Arbeit in der Katathym Imaginativen Psychotherapie (KIP) ist der differenzierte, systematische Einsatz von Imaginationen. Die Phasen des Umgangs mit Imaginationen sind detailliert in diesem Buch beschrieben (▶ Kap. 5.5). Die Arbeit mit Imaginationen in der KIP ist charakteristischerweise »*affektgetragen, primärprozessnah, symbolvermittelt, dialogisch* und *als zentraler Parameter* in den therapeutischen Prozess *integriert*« (Ullmann 2012a, S. 31, Hervorhebung im Original).

Auch andere Behandlungsansätze haben auf teils unterschiedlicher theoretischer Basis Imaginationen als therapeutisches Agens in ihrem Repertoire. Gemeinsame Auffassungen im Umgang mit Imaginationen sind methodenübergreifend: je mehr Sinnesmodalitäten involviert sind, desto besser; wichtig ist die Kontrollfähigkeit über die Imagination; Lernen gelingt am besten bei beherrschbarem, mittlerem Angstniveau (Kast 2012). Hier soll eine Standortbestimmung gegenüber der Analytischen Psychologie nach C. G. Jung, der Verhaltenstherapie, der Hypnotherapie und der Systemischen Therapie vorgenommen werden.

2.1 Analytische Psychologie nach C. G. Jung

Die Aktive Imagination als eigenständiges therapeutisches Vorgehen im Rahmen der Analytischen Psychologie war ursprünglich monologisch konzipiert:

»Der Patient begibt sich bei wachem Bewusstsein in einen Dialog mit Traumgestalten, in der Regel zuhause, dokumentiert dann diese Gespräche und Erlebnisse. In der nächsten therapeutischen Sitzung berichtet er seinem Psychoanalytiker darüber. Im Kontext der psychoanalytischen Behandlung werden die Inhalte der Aktiven Imagination durchgearbeitet und integriert« (Bolle 2005, S. 41).

Ein solches Vorgehen des Psychotherapeuten setzt ein gut strukturiertes Ich des Patienten voraus. Dieses gut strukturierte Ich haben Menschen mit gravierenden Entwicklungsdefiziten und komplex Traumatisierte allerdings nicht im erforderlichen Maße.

Der von Kast (2012) beschriebene, moderne Umgang mit Imaginationen in der Analytischen Psychologie ist ähnlich wie in der KIP auch dialogisch konzipiert. Zentrale Unterscheidungsmerkmale zwischen der Analytischen Psychologie und der KIP sind die unterschiedliche Handhabung der Psychodynamik in der Nachfolge Freuds sowie Unterschiede in der Auffassung vom Unbewussten und der Regelmäßigkeit des Einsatzes von Imaginationen.

2.2 Verhaltenstherapie (VT)

In der VT wird mit Imaginationen im Rahmen eines allgemeinen Problemlöseprozesses gearbeitet. Die Grundelemente der Problemanalyse, mit Beschreibung des Ist-Zustands, Zielanalyse und Mittelanalyse, sowie die Erprobung und Bewertung des Ergebnisses (Kirn et al. 2009) können grundsätzlich auch im imaginativen Modus realisiert werden. Dieser Modus ist auch auf aktuelle und vergangene emotional bedeutsame Situationen anzuwenden. Jacob und Tuschen-Caffier (2011) sehen den Einsatz von imaginativen Techniken außerdem bei stark ausgeprägten emotionalen Problemen im Zusammenhang mit z. B. Ekel, Scham und Angst sowie im Falle der Vermeidung von Emotionen als indiziert an. Nach Lammers (2011) sind Imaginationen eine der wichtigsten Techniken in der erlebnisorientierten Therapie. Reddemann und Stasing (2013) betonen, es sei unerlässlich, stetig zu wiederholen, zu üben und das Zielverhalten in den Alltag zu integrieren.

Verhaltenstherapeutische Autoren und Autorinnen wie Kirn et al. (2009) und Zarbock (2011) machen keinen Hehl daraus, dass Motive und Interventionstechniken aus der KIP und anderen Verfahren entnommen wurden, allerdings »without buying the whole package« (Kirn et al. 2009, S. 107), d. h. ohne Berücksichtigung essentieller tiefenpsychologischer Konzepte (psychodynamisches Modell der Persönlichkeit, dynamisches Unbewusstes, Abwehr, Widerstand, Übertragung, Gegenübertragung). Auf Trancevertiefung wird dezidiert verzichtet (Zarbock 2011). Imaginationen in der Verhaltenstherapie werden nicht symbolvermittelt und primärprozessnah genutzt. Im tiefenpsychologischen Verständnis des symbolischen Elements der Imagination unterscheiden sich KIP und VT kategorial voneinander, denn die VT hat kein solches Symbolverständnis.

2.3 Hypnotherapie

Herzstück der Hypnotherapie nach Erickson ist die durch eine hypnotische Induktion erreichte »Trance.« Durch sie kommt es ähnlich wie in der KIP zu einer vermehrten Innenorientierung und einem Ausfiltern irrelevanter Umweltreize, einer veränderten Körperwahrnehmung, einer Denkweise, die eine vermehrte Toleranz gegenüber logischen Widersprüchen und zeitlichen Brüchen aufweist, einer Zunahme der »Einbildungskraft«, einer vermehrten Ansprechbarkeit gegenüber therapeutischen Suggestionen und einem leichteren Zugang zu Gefühlen (Ullmann 2005).

Unterschiede zwischen der Hypnotherapie und der KIP gibt es in Bezug auf metapsychologische Annahmen: Bei Freud ist das Unbewusste ein Produkt der Verdrängung, bei Erickson ist das Unbewusste eine unerschöpfliche Ressource zur kreativen Selbstheilung. Das Unbewusste besteht nach Zeig (2006) aus allem, was man im Leben gelernt hat. Deutliche Unterschiede zwischen der Hypnotherapie und der KIP ergeben sich aufgrund der spezifischen Kombination aus dialogischen, affektiven und primärprozesshaften Momenten (Ullmann 2005) und in den zentralen Konzepten von Übertragung, Widerstand und Konfliktdynamik, die in der Hypnotherapie nicht im gleichen Maße berücksichtigt werden (Ullmann 2012c). Insgesamt ist die Hypnotherapie als direktiver, suggestiver und weniger dialogisch einzuschätzen.

2.4 Systemische Therapie

Zu den Grundelementen der gegenwarts- und zukunftsorientierten systemischen Therapie gehört – im Unterschied zu klassischen psychoanalytischen Ansätzen – die Annahme, dass »Ursache und Wirkung in sozialen Situationen nicht linear, sondern zirkulär verlaufen« (Rieforth und Graf 2014, S. 104). Therapeut und Patient treten als gleichberechtigte Partner und Teile eines Veränderungssystems in Wechselwirkung. Auch die Selbstentwicklung ist demzufolge stets ein soziales Geschehen, ein dynamischer Prozess, der durch ständige Wechselwirkungen gekennzeichnet ist. Diese Vorstellung entspricht in weiten Teilen den moderneren psychodynamischen Ansätzen, wie sie beispielsweise im Zuge der analytischen Säuglingsforschung oder der Intersubjektivitätstheorien entwickelt wurden. Im Unterschied zum psychodynamischen Denken spielen unbewusste Prozesse im systemischen Verständnis jedoch keine Rolle, »bis heute (bleiben) die unbewussten Fantasien der einzelnen Personen im Kontext der familiären Beziehungsfantasien ... unberücksichtigt« (ebd., S. 121).

Systemische Therapien sind gekennzeichnet durch verbales Vorgehen und Verwendung einer Sprache, die auf Unterschiede und Lösungen zielt. Der Einsatz von Imaginationen ist gering, und diese weisen, vor dem Hintergrund des zuvor Beschriebenen, eine andere Qualität und ein anderes Vorgehen auf.

2.4 Systemische Therapie

Kottje-Birnbacher (1998, S. 58), die bereits früh in der Geschichte der KIP die Potenziale der systemischen Ansätze für die Methode einbrachte, fasst die Unterschiede folgendermaßen zusammen:

> »Letztlich scheinen beide Ansätze einseitig zu sein, die klassische Konzeption des Konfliktfokus ist zu einseitig vergangenheits- und pathologiezentriert, die systemische Konzentration auf Ressourcen und Ziele ist zu einseitig auf Positives zentriert ... Wenn man die Zielorientierung und Ressourcenorientierung des systemischen Ansatzes in den tiefenpsychologischen integriert, wird das klassische Konfliktdreieck ergänzt, so dass als Fokus der Behandlung ein umfassenderes, entwicklungsorientiertes Bild der Dynamik des Patienten entsteht, das seine Gegenwart, Vergangenheit und Zukunft berücksichtigt.«

3 Wissenschaftliche und therapietheoretische Grundlagen

Harald Ullmann

3.1 Psychotherapie mit dem Tagtraum – Behandlung von Geist und Körper

Die Psychotherapie ist mehr als eine Behandlung der Seele oder des Geistes mit rein sprachlichen Mitteln. Zu den »guten Worten«, die in Platons Dialogschrift »Charmides« als das heilsame Prinzip erscheinen, kommen bildhafte Vorstellungen und leibhaftige Erfahrungen hinzu – auch und gerade in der Psychotherapie mit dem Tagtraum. Denn die therapeutisch induzierten und begleiteten Tagträume der Katathym Imaginativen Psychotherapie (KIP) stehen über ihre sinnlichen und affektiven Momente stets mit dem körperlichen Substrat in Verbindung. »Nichts ist im Verstand, was nicht vorher in den Sinnen war«, heißt es schon bei Aristoteles, für den die »Seele« – im Gegensatz zu Platon – weder als präexistent oder unsterblich noch als vom Körper getrennt zu denken ist (Krapinger 2011). Für Aristoteles ist die *Seele* kein eigenständiges Wesen, das unabhängig vom Körper existiert, sondern eine aus der körpervermittelten Erfahrung heraus entwickelte Form, die bestimmten Zwecken zu dienen hat und an den Körper gebunden bleibt. In der aristotelischen Erkenntnistheorie vollzieht sich das Denken durch Vorstellungen, die aus der Sinneswahrnehmung abgeleitet sind.

Das Prinzip einer leibseelischen Natur der Erkenntnis steht im Gegensatz zu der cartesianischen Trennung von Körper und Seele, die sich nachhaltig in Philosophie und Alltagsdenken eingeschrieben hat. Die aristotelische Argumentationslinie einer Erkenntnis, die auf körperlich vermittelten Erfahrungen basiert, weist in eine andere Richtung von Philosophie und Wissenschaft: über den Sensualismus und den

3.1 Psychotherapie mit dem Tagtraum – Behandlung von Geist und Körper

Empirismus bis hin zu heutigen Konzepten vom psychosomatischen Simultangeschehen oder vom Embodiment. Die wissenschaftlichen Grundlagen der Psychotherapie im Allgemeinen wie die der KIP im Besonderen wurzeln demgemäß zugleich in den Geisteswissenschaften und in den Naturwissenschaften. Erkenntnistheoretische Voraussetzungen, metapsychologische Theorien und Erkenntnisse aus der Säuglingsforschung müssen letztlich mit den gegenwärtigen Konzepten der Kognitions- und Gedächtnisforschung wie mit deren neurobiologischer Fundierung kompatibel sein.

In der Perspektive eines psychodynamisch orientierten Ansatzes der Kognitionsforschung geht es bei problemerzeugenden und krankmachenden Vorgängen um die Auswirkungen eines »maladaptiven« Wissens, also um eine Form von Wissen, das für den angemessenen, erfolgreichen Umgang mit der Wirklichkeit nicht taugt (Koukkou und Lehmann 1998, S. 198). Psychotherapie lässt sich demzufolge als ein mnemonischer oder *mnestischer Prozess* beschreiben, d. h. ein professionell induzierter und begleiteter Vorgang der Veränderung von maladaptivem Wissen, der zu dauerhaften strukturellen Veränderungen in den beteiligten Gedächtnissystemen führt (Ullmann 2012b). Hierbei gilt es auch vorbestehende Erkenntnis leitende Strukturen zu berücksichtigen, die sich im Zuge der Phylogenese ins Erbgut eingeschrieben haben und für den Bauplan des menschlichen Gehirns maßgeblich sind. Ein Beispiel dafür wären die gleichsam vorprogrammierten Amygdala-Kompartimente als neuronales Substrat für so genannte Basis-Emotionen (Panksepp 1998). Dem einzelnen Menschen steht damit ein vorgegebenes Set von Wahrnehmungs- und Handlungs-Schablonen zur Verfügung, das im Laufe der Ontogenese durch »adaptive« übergeordnete Strukturen zur Regulation von Affekten, Kognitionen und Handlungen epigenetisch ergänzt werden muss.

Erkenntnis leitende Strukturen sind einerseits über die Generationen hinweg in Genen (oder auch kulturell, in kollektiven Formen der mnestischen Tradition) verankert, zum anderen Teil werden sie im Laufe der Ontogenese unter Verwendung von älterem Material neu geschaffen und strukturell implementiert. Im Rahmen einer Auffassung von Psychotherapie, die metapsychologische wie neurobiologische Gesichtspunkte berücksichtigt, haben wir es mit einem bipolaren Strukturbegriff zu tun. Zum einen nehmen wir innerpsychische *mentale Strukturen* für die affektive, kognitive und handelnde Bewältigung der relevanten Realitäten in den Blick, und diese reichen von den basalen körperlichen Vorgängen bis zur Beziehungsgestaltung. Zum anderen schauen wir auf *neurobiologische Strukturen*, in denen sich Erfahrungen niedergeschlagen haben, die den Umgang mit der inneren wie der äußeren Welt beeinflussen. Die Möglichkeiten der so genannten »Bildgebung« haben unter den Seelenforschern einen Hype entfacht, der mit der Verführung einhergeht, mentale Strukturen in neurobiologischen zu verorten oder gar beides miteinander gleichsetzen zu wollen. Das wäre ein kategorialer Fehler.

Mental zu definierende Strukturen oder Repräsentanzen haben keinen umschriebenen »Ort« im Gehirn. So ist beispielsweise das hypothetische Über-Ich der psychodynamischen Metapsychologie ebenso wenig im präfrontalen Cortex zu Hause wie das menschliche Gewissen. Ein anderer kategorialer Fehler wäre es, die für mentale Vorgänge notwendigen Organe des Gehirns nach Art der alten Lokalisationslehre als Sitz oder Ausgangspunkt für bestimmte Funktionen zu betrachten. So wird z. B. »die Amygdala« gerne als Zentrum der Angstbereitschaft dargestellt oder gar mit anthropomorph erinnerungsfähigen und handelnden Qualitäten ausgestattet. Der Beitrag einzelner Hirnbereiche zu einem handlungsvorbereitenden emotionalen Gedächtnis ist vielmehr an das Zusammenwirken neuronaler Netzwerke gebunden.

Gedächtnis tragende Strukturen und ihre Netzwerke finden sich nicht nur im Gehirn, sondern auch an anderen Stellen des Körpers. Was im Gehirn als Angstsignal körpernah (z. B. mit klopfendem Herzen) empfunden, kognitiv entschlüsselt und mental bewältigt wird, läuft simultan im Körper ab, etwa in Form von Regelkreisen und Kaskaden des Stoffwechsels von Kortison oder Katecholaminen. Dies gilt in ähnlicher Weise für andere affektive Zustände (z. B. Traurigkeit), die wir über das Gehirn sprachlich zu fassen und mental zu verarbeiten gelernt haben. Das Gehirn könnte somit als der primäre Ansprechpartner einer verbalen Psychotherapie erscheinen. Nur bahnt sich hier erneut ein möglicher kategorialer Fehler an, wenn wir jenes komplexe Organ – anthropomorphen Vorstellungen aufsitzend – nunmehr für ein Gegenüber halten, das hierarchisch strukturiert ist und von einem inneren Chef geleitet wird. Nach dem gegenwärtigen Stand des Wissens ist das menschliche Gehirn vielmehr *ein sich selbst organisierendes System* mit über- oder gleichgeordneten Funktionsbereichen und verschiedenen energetischen Niveaus (Deneke 2011; Schiepek 2011).

Mit einigen seiner untereinander kooperierenden Teilsysteme und als Ganzes steht unser Gehirn in ständigem Austausch mit relevanten Innen- und Außenwelten. Erkenntnis und Handlungsoptionen vollziehen sich in Niveauveränderungen, die allenfalls auf statistische Weise vorhersagbar sind. Ebenso wenig lassen sich die Einwirkungen einer Psychotherapie punktgenau vorhersagen. Sie treffen auf ein vieldimensionales Gegenüber, das in seinen Teilbereichen und ihren Funktionszuständen unterschiedlich »ansprechbar« ist. Die KIP hat hier in diagnostischer (▶ Kap. 4) wie in therapeutischer Hinsicht (▶ Kap. 5) eine besondere Ausgangsbasis, und zwar durch den ihr eigenen Parameter des begleiteten Tagtraums.

3.2 Katathyme Imagination und episodisches Gedächtnis

Die in der Psychotherapie mit dem Tagtraum zum Tragen kommende Form von Imagination ist über ihre affektiven und sinnlichen Momente multimodal mit körperlichen Vorgängen und nicht-bewussten Bereichen des Erlebens vernetzt. Durch »prozessuale Aktivierung (Grawe 1998, S. 240) werden relevante Episoden in Erinnerung gerufen und auf der Bildebene in Szene gesetzt. Das *episodische Gedächtnis* das dem expliziten (bewusst zu machenden) und deklarativen (in Sprache zu fassenden) System der Gedächtnisorganisation zugerechnet wird (Markowitsch und Welzer 2006), kommt im aktivierten Zustand stets auch in Kontakt mit impliziten, primär nicht in Sprache gefassten Inhalten. Auf dem *impliziten Niveau* eröffnet sich hier der Zugang zu basalen, von Körperempfindungen und Affekten geprägten Beziehungserfahrungen, die im Format des prozeduralen Gedächtnisses abgespeichert sind. Auf dem *expliziten Niveau* sind mentale »Zeitreisen« möglich, die einen spielerischen Umgang mit Vergangenheit wie Zukunft erlauben. So lässt sich z. B. ein früheres Misserfolgserlebnis auf der Bildebene der KIP erneut in Szene setzen, um probehandelnd alternative Lösungsansätze durchzuspielen und das zu erwartende Gefühl des Stolzes sinnlich-affektiv-körperlich im prozeduralen Gedächtnis wie in den korrespondierenden neuronalen Netzwerken zu verankern. Visuelle Eindrücke, die aus dem unmittelbaren Erleben der Realität kommen, werden in dieselben Hirnregionen projiziert wie die in der Imagination produzierten Vorstellungen (Kosslyn et al. 1995). Dies entspricht unserer klinischen Erfahrung der äquipotenten Wirksamkeit von »Einbildungen«.

Alles *Erinnern* spielt sich – Bild für Bild und Szene für Szene – nirgendwo anders als *in der Gegenwart* ab. Insofern ist das gegenwärtige Erleben in therapeutischer Hinsicht funktionell gleichwertig mit dem Erinnern. Aus dem gegenwärtigen Erleben heraus können die in der *Episodenaktivierung* aufs Neue zugänglich gewordenen Szenen der Vergangenheit im Rahmen der KIP für ein künftiges Erinnern im Dienste einer besseren Bewältigung der Realitäten umgeformt werden. Da der Erinnerungsvorgang kontextuell erheblich von der jeweiligen Situation und Gestimmtheit beeinflusst wird, kommt es nun darauf an, im gegenwärtigen *Kontext* günstige Bedingungen vorzuhalten. Hierzu gehören eine für die KIP typische kooperative Beziehung (Ullmann 2012c; ▶ Kap. 8.1) und spezifische Vorgehensweisen, die für eine angemessene Vorbereitung der Imaginationsübungen sorgen. Die Aufmerksamkeit des Therapeuten sollte auf Ressourcen, Kompetenzen, anzustrebende Ziele und eine förderliche Gemütsverfassung seines Patienten gerichtet sein, bevor die ersten Tagtraumübungen durch ein passendes Vorstellungsmotiv eingeleitet werden. So wäre es z. B. unpassend und schädlich, einen Patienten in der akuten depressiven Phase einer rezidivierenden Depression zum Imaginieren anzuleiten oder bei traumatisierten Menschen mit Vorstellungsmotiven zu beginnen, die das durchgemachte Leid zur Unzeit reaktivieren würden.

Die Inhalte des episodischen Gedächtnisses können wegen der bei jedem Abruf erfolgenden *Umformung* nicht deckungsgleich mit der ursprünglich erlebten Realität sein, die ja ihrerseits bereits subjektiv ausgestaltet war. Folgt man konstruktivistischen Prämissen, dann geht es in der Psychotherapie nicht darum, die ursprüngliche Wahrheit zu rekonstruieren, sondern gemeinsam eine narrative Wahrheit zu erarbeiten, mit der sich leben lässt, und Wirklichkeiten zu erschaffen, die zur Gesundung oder zur Lösung anstehender Probleme taugen. Im Kontext der KIP kann es gelingen, neue Sichtweisen zu fördern und alternative Erfahrungen zu vermitteln, um diese zugleich mit den dominierenden Affekten, mit allen möglichen Sinnen und mit den begleitenden Körperempfindungen in den beteiligten neuronalen Netzen zu verankern.

Beim Abruf von »alten« Erinnerungen wie beim Abspeichern von »neuen«, die aus Erfahrungen in der gegenwärtigen Situation resultieren, geraten neuronale Netze ins Schwingen. In therapeutischer Hinsicht kommt es darauf an, möglichst viele Bereiche des menschlichen Gehirns zu involvieren und durch Wiederholung wie durch Redundanz für eine nachhaltige neuroplastische *Einprägung* zu sorgen. Die KIP bietet durch ihre strukturierte Abfolge von Komponenten gute Voraussetzungen für die mnestische Konsolidierung von mutativen Erfahrungen (▶ Kap. 5). Zur Redundanz und Multikodierung tragen auch die symbolischen und metaphorischen Elemente der Methode bei.

3.3 Symbole und Symbolisierung

In einer sehr weit gefassten Definition, die auf Ernst Cassirer (1975) zurückgeht, ist das Symbol ein Zeichen, dem der Geist Bedeutung zuspricht. Insofern könnte man alles, was auf der Bildebene der Imagination erscheint, als Symbol ansehen. Ein relevantes Objekt aus der erlebten Alltagsrealität würde durch seine Verbildlichung in einen geistigen Zustand versetzt, der andere Blickwinkel und Bewegungen möglich macht. In einem tiefenpsychologischen Verständnis geht die Symbolisierung auf seelische Abwehr- und Formungsvorgänge zurück, die einer primärprozesshaften Logik folgen und im Zusammenhang mit regressiven Zuständen auftreten. Die ursprüngliche Realität wird in vielfältiger Weise verdichtet und verkleidet, so dass ein voll ausgebildetes *Symbol* unterschiedliche Bedeutungen enthält. Diese sind im Rahmen der KIP auf vergangene Erfahrungen zurückzuführen oder als Hinweise auf Möglichkeiten der Zukunft zu werten (Ullmann 2008). Voraussetzung hierfür ist, dass der jeweilige Patient in seiner primären Sozialisation die affektiv-kognitive zwischenmenschliche Bedeutung von Symbolen kennengelernt hat und zu würdigen weiß. Nicht alle Patienten verfügen durchgängig in diesem Sinne über eine reife, stabile Fähigkeit zur Symbolisierung. In der KIP hat bei Defiziten dieser Art eine implizite Technik Vorrang, welche die mentale Bedeutsamkeit der Symbolik nicht voraussetzt, sondern in ihrer Entwicklung fördert (▶ Kap. 7.1).

Die Entwicklung mental basierter Fähigkeiten kann heute nicht mehr ohne Bezug auf die Ergebnisse der Säuglingsbeobachtung und der Bindungsforschung dargestellt werden. Im Handbuch der KIP (Ullmann und Wilke 2012) werden vor diesem Hintergrund eine Reihe von individuellen Entwicklungsschritten dargestellt, die schließlich zu einer voll ausgebildeten Symbolisierungsfähigkeit führen (Salvisberg 2012). Zu den Voraussetzungen gehört der Erwerb einer hinreichenden Souveränität in der Regulation der Affekte und deren *Mentalisierung* (als Fähigkeit, Gefühle bei sich wie bei anderen wahrzunehmen und sie als etwas Psychisches zu begreifen). Die Emergenz der einzelnen kognitiven und mentalen Kompetenzstufen ist auf die korrespondierende Ausreifung neuronaler Strukturen angewiesen (Ullmann 2012b). Mentale Strukturen und Funktionen sind zwar einerseits kategorial von neuronalen Strukturen und Funktionen zu unterscheiden. Andererseits aber kommt die seelische Entwicklung nicht ohne eine materielle Basis aus. Sie ist jenen kognitiven, sprachlichen und mentalen Kompetenzen unterlegt, die zu den Voraussetzungen für eine reife Symbolisierungsfähigkeit gehören.

Der formale Vorgang der Verwandlung von Realitäten in Symbole ist nicht identisch mit dem Wirksamwerden einer reifen Symbolisierungsfähigkeit. Das *Symbolisierungsvermögen* als solches (die »capacitas symbolica«) gehört ebenso zur Grundausstattung des Menschen wie das Imaginieren, das Geschichtenerzählen oder der Werkzeuggebrauch. Die *Symbolisierungsfähigkeit* dagegen, von der wir im therapeutischen Kontext sprechen, wächst und entfaltet sich in einer menschlichen Beziehung, die gut genug ist, wirren affektiven wie körperlich empfundenen Zuständen Halt und Worte zu geben, bis hin zur narrativen Ausformung in sich konsistenter Geschichten. Im Zusammenspiel von impliziten und expliziten Techniken kann die KIP hier im gegebenen Fall zur Nachreifung und zur Erschaffung einer symbolisch auszugestaltenden inneren Welt beitragen.

3.4 Wie die Bilder gut »laufen lernen«

Welche Vorgehensweise im gegebenen Fall angebracht sein könnte, ist im Sinne einer »diagnostischen Trias« sorgsam zu prüfen (▶ Kap. 4). Denn wir haben es immer wieder mit unterschiedlichen inneren Bildern und entsprechenden Strukturen zu tun. Im Fall einer *neurotischen Störung* mit reifer, stabiler Ich-Struktur dominieren klischeehafte, starre Strukturen. Innerpsychische Repräsentanzen können hier auf der Bildebene der Imagination gleichsam Gestalt annehmen und in einem symboldramatischen Geschehen eingefahrene Konflikte in Szene setzen. Mit den technischen Möglichkeiten der KIP sind Verkrustungen aufzulösen und innere Bilder wieder ins Laufen zu bringen.

Im Fall einer *ich-strukturellen Störung* dagegen werden sich während der Imagination Brüche in den inneren Bildern und in der Beziehungsgestaltung zeigen, die ein der Nachreifung förderliches technisches Vorgehen nahelegen. Hier geht es also eher darum, den Bildern das Laufen gut beizubringen. Da jede neurotische Problematik auch eine ich-strukturelle Seite der Störung aufweisen kann, sind grundsätzlich beide Aspekte zu berücksichtigen (▶ Kap. 7.1).

Im Fall einer *traumabedingten Störung* stellt sich die innerpsychische und interaktionelle Konstellation im Hinblick auf die Anwendung katathymer Imaginationen grundsätzlich anders dar. Die Betroffenen müssen sich vor intrusiv in sie einbrechenden Bildern und vor entsprechenden Beziehungen hüten. Zu den vertrauensbildenden Maßnahmen einer KIP gehört dann ein strategisch angelegtes, professionelles Vorgehen mit psychoedukativen Elementen. Die Dissoziation in gute und schlechte Bilder wird gezielt aufgegriffen und in den Dienst eines sorgsam aufgebauten Prozesses der Integration gestellt (▶ Kap. 7.5).

Im Zentrum der Psychotherapie mit dem Tagtraum steht die Arbeit mit spezifischen inneren Bildern in Form von katathymen Imaginationen. Die jeweilige Tagtraumübung ist ihrerseits in einen Prozess eingebunden, der sich aus verschiedenen, aufeinander bezogenen Komponenten aufbaut: vom therapeutischen Gespräch über den Tagtraum zum Malen und Nacherzählen. Dieser Prozess hat mental wie neurobiologisch zu beschreibende Seiten und ist dazu angetan, Gedächtnis tragende Strukturen zu verändern (▶ Kap. 5.6). Die in der Imagination zu Tage tretenden Symbole fließen über die nachfolgenden Gespräche in Metaphern ein, die neue Erlebnis- und Sichtweisen enthalten. Von da aus ist es nicht weit zu neuen Narrativen und Geschichten, die ihrerseits in die Symbolik weiterer Tagträume Eingang finden können (Ullmann 2009).

Psychische Funktionen, Strukturen und Repräsentanzen gehen auf Erfahrungen und Geschichten zurück, die im Rahmen der primären Sozialisation gemacht wurden. Letztlich dreht sich alles um das konkrete Erleben, in der Genese wie in den therapeutischen Ansätzen zur Veränderung (Deneke 2001). Die Psychotherapie mit dem Tagtraum bietet in diesem Sinne einen am unmittelbaren Erleben orientierten, symbolvermittelten, multimodal wirksamen Ansatz zur internen Neuformatierung. Der von Leuner (1955) gefundene Begriff »Katathymes Bilderleben« bringt es auf den Punkt.

4 Kernelemente der Diagnostik

Harald Ullmann

4.1 »Objektive« Diagnostik im Kontext der Interaktion

Das Erstgespräch für eine ins Auge gefasste KIP beginnt üblicherweise so, wie es der Therapeut in seiner jeweiligen Ausbildung gelernt hat. Der psychoanalytisch geschulte Therapeut achtet in besonderer Weise – wie von Argelander (1970a) beschrieben – auf markante Szenen und nimmt ggf. in Probedeutungen darauf Bezug. Nicht selten werden sich im Rahmen einer in Gang gekommen KIP später ähnliche Szenen noch einmal auf bildhafte Weise darstellen und symbolisch verdichten. In den ersten Stunden der Begegnung achtet ein in der KIP ausgebildeter Therapeut darüber hinaus in besonderer Weise auf die Bildhaftigkeit in der Sprache seines Patienten und greift Sprachbilder auf, die dazu angetan sind, in die Symbolwelt von therapeutisch begleiteten Tagträumen Eingang zu finden. Während der systematischen Erhebung der biographischen Anamnese geht es dem Tagtraumtherapeuten neben der Vorgeschichte der Konflikte und Symptome auch um die Vorgeschichte der Ressourcen und Kompetenzen, da diese in der Psychotherapie mit dem Tagtraum einen besonderen Stellenwert haben.

Die erste Phase einer als KIP projektierten psychodynamischen Psychotherapie ist aus grundsätzlichen Erwägungen heraus nicht einseitig in ihrer diagnostischen Funktion darzustellen. Denn der Untersuchungsvorgang als solcher ist geeignet, das zu beobachtende »Objekt« zu beeinflussen. In dieser Erkenntnis war die Physik der Psychologie voraus. Heisenbergs Unschärferelation lehrt uns darüber hinaus, dass die verbesserte Erfassung eines bestimmten Aspekts mit reduzierter Erkennbarkeit anderer Aspekte einhergeht. Eine einheitliche Weltformel ist ebenso wenig in Sicht wie ein allumfassendes Weltbild. Die moderne Physik stützt sich stattdessen auf Modelle, in welchen bestimmte Aspekte der zu untersuchenden Phänomene ausschnitthaft und für den jeweiligen Zweck hinreichend brauchbar dargestellt werden. All dies gilt analog auch für jene Modelle, die in der Psychotherapie zur Anwendung kommen.

Folgt man den Modellvorstellungen, die Thure von Uexküll und Wolfgang Wesiack mit ihrem ersten umfassenden Lehrbuch der Psychosomatik (1979) auf den Weg gebracht haben, dann wirken diagnostische und therapeutische Bemühungen als »diagnostisch-therapeutischer Zirkel« aufeinander ein. Das Objekt der Beobachtung verändert sich im Zuge des Anteil nehmenden Betrachtens und Interagierens, auch wenn für bestimmte Zwecke immer wieder vorrangig ein diagnostischer Blick angezeigt ist. Folgt man darüber hinaus den Argumenten, die für eine intersubjektive Perspektive sprechen, dann macht die Veränderung auch vor dem beobachtenden Subjekt des Therapeuten nicht halt (Ermann 2014).

Gleichwohl gibt es für klinische wie für wissenschaftliche Zwecke immer wieder gute Gründe für eine zweckgerichtete diagnostische Perspektive, sei es, um Weichen zu stellen, um Zwischenbilanz zu ziehen oder um den Therapieerfolg zu dokumentieren. Projektive Tests und bewährte Instrumente der Psychometrie finden daher auch in klinischen Institutionen und Praxen mit KIP-Schwerpunkt Verwendung. Die Versorgungsstrukturen machen in der Regel eine Diagnosestellung nach ICD-10 und/oder DSM-5 erforderlich, auch wenn diese beiden internationalen Klassifikationssysteme durch Revisionen für den Bereich der neurotischen Störungen, der Persönlichkeitsstörungen und der psychosomatischen Erkrankungen an Relevanz eingebüßt haben. Die Klassifizierung in den Achsen der OPD-2 (Arbeitskreis OPD 2014) hat sich als besser tauglich erwiesen und allgemein durchgesetzt. In der KIP bilden sich einzelne diagnostische Aspekte der OPD mitunter eindrucksvoll ab (▶ Kap. 4.4 Fallvignette Manuela A.).

4.2 Initialer Tagtraum und Strukturdiagnostik

Im Hinblick auf die kreative Gestaltung des therapeutischen Raums unterscheiden sich die Methoden der psychodynamischen Therapie zwar ganz erheblich, doch in diagnostischer Hinsicht geht es zunächst einmal um ähnliche Herausforderungen. Es gilt, die hinter den Symptomen oder Problemen wirksame neurotische Dynamik herauszufinden und die psychische Struktur auf Funktionsfähigkeit wie auf Stabilität zu prüfen, verbunden mit entsprechenden Vorstellungen über die anzuwendende therapeutische Strategie (Rudolf et al. 2002). Die zur Psychotherapie anstehenden Störungen werden in der Regel modellhaft in drei Klassen eingeteilt: konfliktdynamische Störungen sind von entwicklungsdefizitären und traumatisch bedingten Störungen abzugrenzen (Ermann 2009, S. 73). Auch für die jeweilige KIP ist eine solche *diagnostische Trias* Richtung weisend, in der anfänglichen Gesprächsphase wie in der ersten Imaginationsübung, dem so genannten »Initialen Tagtraum« (ITT).

Der allererste Tagtraum einer beginnenden KIP hat diagnostische und therapeutische Funktionen (Ullmann 1997). Zum einen fungiert der ITT als eine Art projektiver Test, wie man ihn aus der Testpsychologie kennt, indem er innerpsychische Strukturen und Konflikte auf symbolische Weise abbildet. Zum anderen geht es aber auch darum, die therapeutische Beziehung als solche »auszutesten« – nicht ohne sie zugleich so gut wie möglich zu fundieren. Im ITT und in dem dazu vom Patienten gemalten Bild kann all dies – oft in sehr eindrücklicher Form – zur symbolhaften bildlichen Darstellung kommen, ebenso wie Merkmale der jeweiligen ich-strukturellen Gegebenheiten, die der Patient mitbringt. Daraus leiten sich Behandlungsanzeigen für die künftige Gestaltung der jeweiligen KIP ab.

Auf die Prüfung der Indikation zur KIP (▶ Kap. 5.6) folgen weitere Fragestellungen, die sich auf individuelle wie auf situative Faktoren beziehen. Die diagnostische Aufmerksamkeit hat jetzt differentialtherapeutische Erwägungen einzubeziehen und orientiert sich dabei an der vorerwähnten diagnostischen Trias. Handelt es sich um einen ich-strukturell weitgehend stabilen, neurotisch gestörten Menschen mit abgrenzbaren Konflikten, dann wird man ohne weiteres auf ein Einsichten förderndes Vorgehen setzen und mit expliziten Mitteln der Technik arbeiten können. Handelt es sich dagegen um einen Menschen, der seelisch auf einem niedrigen strukturellen Niveau funktioniert und Entwicklungsdefizite aufweist, dann muss man stets aufs Neue Hilfs-Ich-Funktionen bereitstellen, bei der Wahrnehmung wie bei der Verbalisierung von Affekten assistieren und für eine Verbesserung der Affektregulation Sorge tragen – mit dem langfristigen Ziel eines höheren Mentalisierungsniveaus (▶ Kap. 7.1). Liegt eine traumatisch bedingte Störung vor, dann stehen für die erste Strecke der Therapie vorrangig der Schutz vor Retraumatisierung, der Aufbau von innerpsychischen Sicherheitsarealen und die Förderung von Ressourcen wie von Kompetenzen an (▶ Kap. 7.5). Die KIP hat hier in diagnostischer wie in therapeutischer Hinsicht ein vielfältiges Repertoire an Möglichkeiten anzubieten.

4.3 Die Beziehung im Fokus der KIP und ihrer Motivgestaltung

Sorgsamer Abwägung bedarf die Frage, ob die therapeutische Begegnung als kurze Krisenintervention angelegt sein oder in eine längerfristig angelegte Psychotherapie einmünden sollte. Für die diagnostischen Aspekte der Krisenintervention mit der KIP sei auf das diesbezügliche Kapitel des Handbuchs KIP verwiesen (Ullmann und Wilke 2012). Im klassischen Lehrbuch der KIP (Leuner 2012) finden sich eine Vielzahl von anschaulichen Fallvignetten zur Weichenstellung zwischen Kurz- und Langzeitpsychotherapie (KZT, LZT). »Anschaulich« bedeutet in diesem Zusammenhang, dass die Imaginationen als solche bildhaft in die eine oder andere Richtung weisen und Hinweise für einen möglichen Behandlungsfokus geben können. Denn sie enthalten eine hohe Fokussierungspotenz, die schon in den experimentellen Anfangszeiten der KIP offenkundig war. An den induzierten Bildvorstellungen fiel auf, dass sie auf neurotische Komplexe hinwiesen, in denen die Konfliktdynamik in symbolischer Weise verschlüsselt erschien (Leuner 1954). Durch treffende Deutungen, aber auch durch eine ihnen innewohnende (»autosymbolische«) Tendenz zur Selbsterklärung waren solche neurotischen Komplexe wie die mit ihnen einhergehenden Symptome in kurzer Zeit zur Auflösung zu bringen. Damit empfahl sich das KB als Methode für eine KZT oder Fokaltherapie. Mit der zunehmenden metapsychologischen Fundierung auf psychoanalytischer Basis und mit der Erweiterung des Indikationsspektrums um schwere Störungen der Persönlichkeit etablierte sich die KIP mehr und mehr als Methode für längerfristig angelegte Behandlungen. Auch für die LZT ist es ratsam, den einen oder anderen Fokus im Auge zu behalten. Die KZT ist per se in der Regel unschwer auf einen Fokus auszurichten, wie er sich nicht selten schon am ersten der therapeutisch begleiteten Tagträume ablesen lässt.

In der initialen Gesprächsphase einer psychodynamischen Therapie wird regelhaft versucht, einen beziehungsrelevanten Fokus auszumachen, vorrangig als »Zentrales Beziehungskonfliktthema« (ZBKT). Nach Luborsky (1995) findet man das ZBKT in analoger Weise auf verschiedenen Ebenen vor: auf der Ebene prägender früher Beziehungen, auf Ebene relevanter gegenwärtiger Beziehungen und auf der Ebene der therapeutischen Beziehung. In der KIP kommt nun über ihre bildhaft ausgestaltete Handlungsebene ein vierter Schauplatz hinzu, auf dem die repetitiven Muster der vorgenannten Ebenen als »Symboldrama« augenfällig sichtbar und einer expliziten Bearbeitung zugänglich werden. Implizit kodierte Entwicklungsdefizite und entsprechende tiefgründige Wünsche können darüber hinaus als Zentrale Beziehungsgeschichte (ZBG) zur Basis für therapeutisch anzubahnende Veränderungen werden (Ullmann 2015).

Im Rahmen der KIP wird der therapeutische Tagtraum üblicherweise durch ein dem Patienten zu nennendes Vorstellungsmotiv eingeleitet (▶ Kap. 5.2). Das Motiv enthält in bildhaft-symbolischer Form gleichsam den »Zündstoff« für die nachfolgende imaginative Szenerie, an deren Ausgestaltung der Therapeut stets beteiligt ist. Motiv und Imagination sind zwar grundsätzlich nicht auf eine patientenbezogene Diagnostik zu reduzieren, erlauben aber dennoch diagnostische Rückschlüsse. Für den ersten Tagtraum hat es sich bewährt, als Vorstellungsmotiv eine »Blume« vorzugeben, weil dieses Symbol meist viele Selbst-Aspekte enthält, was hernach zu spontanen Einsichten und zur Förderung der Therapiemotivation Anlass geben kann. In der Beschäftigung mit einer solchen imaginierten Blume kommen unschwer über den zunächst angesprochenen visuellen Sinn weitere Sinnesqualitäten zum Tragen, zudem können Gefühlsqualitäten und Körperempfindungen ansprechbar werden. Der in der Tradition von Krapf und Leuner so genannte »Blumen-Test« ist in seiner Kürze und in der Art der therapeutischen Begleitung dazu angetan, alles gleichsam auf möglichst kleiner Flamme zu kochen: die Symbolik, die Handlungen und die Übertragungsbeziehung. Die Aufmerksamkeit des Therapeuten kann sich auf diese Weise den leiseren Tönen der Interaktion und den noch vergleichsweise stillen Tendenzen (einschließlich der korrespondierenden Gegenübertragungs-Bereitschaften) widmen. Der Behandler hat währenddessen Gelegenheit, sich auf künftige therapeutische Strategien vorzubereiten. Der Patient wird nicht durch ein Zuviel des Guten verschreckt oder gar in eine Abwehrhaltung getrieben.

Man mache sich klar, dass die KIP auf der Bildebene eine Fülle von Handlungsmöglichkeiten bereitstellt, die einer Sonderform des »Acting-in« entsprechen (Ullmann 2001). Im Fall eines neurotisch gestörten Patienten mit stabiler Ich-Funktion und begrenzter Konfliktdynamik liefert ein solches Agierfeld wertvolle diagnostische Einblicke und therapeutische Optionen. Im Falle einer ich-strukturellen Störung auf Borderline-Niveau oder einer traumatisch bedingten Störung sind die Gegebenheiten andere. Dann wird man sich nicht selten schon vor dem ITT diagnostische Klarheit verschafft haben und mitunter zugunsten von primär stabilisierend wirkenden Motiven, wie sie in den einschlägigen Kapiteln dieses Buchs vorgestellt werden, auf einen »Blumen-Test« verzichten. Hat man sich im einen oder anderen Fall mit der Auswahl des Motivs »Blume« bei der Einschätzung der ich-strukturellen Gegebenheiten vertan, dann ist der Interventionsstil während der Imagination dementsprechend zu ändern. Situations- oder störungsbezogen können primär alternative Initialmotive zum Einsatz kommen, z. B. »Baum« oder »Wiese«.

4.4 Zur therapeutischen Seite der diagnostischen Trias: Fallbeispiele

Vor dem Hintergrund der Weg leitenden diagnostischen Trias soll abschließend an drei instruktiven Beispielen aus einem Supervisionskontext veranschaulicht werden, worauf es in diagnostischer und behandlungsplanender Hinsicht in der initialen Phase einer KIP ankommt.

> Manuela A., eine beleibte, agil wirkende Frau von 55 Jahren, kommt wegen Versagens- und Schuldgefühlen, die mit depressiven Verstimmungen einhergehen, zur Therapie. Beruflich liefe in ihrer großen Zahnarztpraxis alles wie am Schnürchen. Sie sei »glücklich verheiratet« und Mutter von zwei Adoptivsöhnen, die ihr durch den Mangel an Initiative und Leistungsbereitschaft großen Kummer bereiten. Ihr Mann, ein gebürtiger Däne aus vermögendem Elternhaus, habe mit dem elterlichen Erbe gut gewirtschaftet und damit zum Wohlstand der Familie beigetragen. Ansonsten habe er weder gearbeitet noch Anteil an der Kindererziehung genommen. Er widmete sich ganz dem Gärtnern oder seiner Jägerei.
>
> Die Söhne hätten in ihrer Pubertät angefangen, auf der faulen Haut zu liegen und sich für nichts recht zu interessieren. Ohne Schulabschluss und ohne Beruf hingen sie nun nur noch zu Hause herum. Der ältere der Söhne war für zwei Jahre ausgezogen, um dann doch wieder heimzukehren. In diese Zeit datiert Frau A. ihre ersten Depressionen und Schuldgefühle. Sie fühle sich inzwischen ratlos und schäme sich wegen ihres Erziehungsversagens. Die Depressionen wie auch die Schmerzen im Kreuz führt Frau A. auf ihre schweren Schuldgefühle zurück, die sie fast täglich heimsuchten.
>
> Diagnostisch geht die Therapeutin von einer reaktiven Depression mit Somatisierungstendenz aus und unterstellt eine recht stabile, überwiegend depressive neurotische Struktur mit zwanghaften Anteilen. Die von der Patientin geäußerten Schuldgefühle versteht die Therapeutin als Ausdruck abgewehrter aggressiver oder aversiver Impulse. Ihre Behandlungsplanung weist vorläufig in die Richtung einer Förderung der Selbstständigkeit – der Modalität »Versor-

gung vs. Autarkie« auf der konfliktbezogenen Achse III der OPD entsprechend. Die Therapeutin geht davon aus, dass die altruistische Abtretung des Versorgungsanspruchs an die Söhne ein Ende nehmen würde, wenn die Mutter auch im familiären Bereich kompetent auftritt und für ihre eigenen Interessen sorgt.

Angesichts der solide erscheinenden neurotischen Struktur spricht nichts dagegen, die KIP mit einem »Blumen-Test« zu beginnen, um auf einer imaginativen Ebene mehr über die innere Verfassung und die Beziehungsgestaltung in Erfahrung zu bringen. Während der Entspannungssuggestionen kommt es (wie erst im Nachhinein berichtet wurde) zu schmerzhaften Missempfindungen im Rücken, die sich mit bildhaften Vorstellungen verknüpfen. *Die Tagträumerin sieht sich mit ihrem Rücken wie auf einem Stück dunklem Holz ausgestreckt.* Nach der Vorgabe des Motivs »Blume« stellt sich rasch ein anderes Bild ein. Die Tagträumerin sieht vor sich *das Bild einer Hängematte, in die so etwas wie Holzstreifen eingewebt sind, aufgehängt an einem exotischen Strand. Dort baumelt sie versonnen hin und her, in die Weite des Meeres schauend.* (Von der Therapeutin noch einmal auf die Blume angesprochen:) *In der Nähe steht ein kräftiger Baum und ihm gegenüber eine Blume, eine Mischung aus Orchidee und Lilie, langstielig, mit schönen grünen Blättern. Schon richtet sich der Blick wieder aufs Meer. Dort verlässt soeben ein Passagierschiff den Hafen. Die Aufmerksamkeit wendet sich dem riesigen Schornstein zu, mit seinen schwarzen Streifen und den mit großen Lettern aufgemalten Buchstaben M und A* (den Initialen der tagträumenden Patientin entsprechend!). *Unter diesem Kamin steht eine Person an der Reling, die nicht eindeutig zu identifizieren ist.* »Kenne ich den irgendwoher?« (An das anfänglich genannte Vorstellungsmotiv erinnert:) *Die Szene mit der Hängematte stellt sich wieder ein, dazu ein Sonnenuntergang.* (Symbolisch für Zeitbegrenzung, Ende und Abschied?) *Sehr bald ist die Protagonistin des Tagtraums mit ihrem Blick und einem sehnsuchtsvollen Empfinden wieder in der Nähe des Schornsteins und erlebt sich nun leibhaftig an der Reling stehend, wie sie aufs Meer schaut und ein Gefühl von Freiheit empfindet. Die Sonne steht hoch und scheint intensiv auf sie herab.* (Auf die Frage nach dem augenblicklichen Gefühl:) »*Jetzt kommt plötzlich die ganze Traurigkeit hoch, und der Schmerz der letzten Jahre, wie beim Sterben.*« Im gleichen Augenblick aber kommt ein Wind auf, der ihr um die Wangen streicht. »*Das gibt mir ein Gefühl von Lebendigkeit zurück! Ich denke mir: Ich kann in der Sonnensituation bleiben und kann gleichzeitig Schmerz und Leben fühlen.*« (Ein Zeichen für Ambivalenztoleranz? Auf die Frage, wie es wohl jetzt gerade um die Blume stünde:) *Da unten ist ein Schwimmbad und mittendrin ein Brunnen. Aus der Mitte kommen Blumen, solche wie vorhin, erst aus Stein, dann lebendiger, wie Lotusblumen. Es ist Abend. Alle Sonnenschirme sind geschlossen, niemand ist mehr da.* (Zum allmählichen Abschluss aufgefordert:) »*Ich glaube, ich will erst einmal da bleiben. Da habe ich eine Treppe gesehen, dort, wo das Schiff ganz holzgetäfelt ist. Das ist eine warme Atmosphäre, mit Liegestuhl, da geht es mir gut.*« – In der Nachschwingphase des Tagtraums kommt beides noch einmal hoch: erst ein schmerzliches, trauriges Gefühl, dann aber auch die Erinnerung an den Wind und das kräftige Lebensgefühl.

Abb. 4.1: Das von Frau A. zu ihrem ITT gemalte Bild

4 Kernelemente der Diagnostik

> Frau A. bringt zur nächsten Sitzung das von ihr gemalte Bild mit und legt es ein wenig verschämt ihrer Therapeutin vor (▶ Abb. 4.1): Das Schiff sei ihr etwas groß geraten. Die Therapeutin verweist während der Bildbesprechung mehr auf die Größe, die so ein stattlicher Dampfer eben nun mal hat, und signalisiert ihrer Patientin damit, dass sie sich ruhig einmal etwas herausnehmen darf. Die auf dem Bug untergebrachte Blume wird ihr als ein Zeichen für stete Kompromissbereitschaft interpretiert, die wohl auch zum Ballast und zum Hindernis auf eigenen Wegen werden kann.

Die Symbolik katathymer Imaginationen ist voller Möglichkeiten. Sie kann – im Sinne von C. G. Jung verstanden – final und prospektiv in die Zukunft weisen und/oder kausal und retrospektiv etwas über die konflikthafte Genese der jeweiligen Symptomatik aussagen. Gerade beim ITT sollte man sich vor der Versuchung hüten, zu viel auf einmal hineinzuinterpretieren und mit Deutungen zurückhaltend sein. Es geht vielmehr darum, im gemeinsamen Tun neue Sicht- und Handlungsweisen ins Spiel zu bringen.

Der psychodynamisch geschulte Leser mag weitere Facetten an diesem ungewöhnlich aktionsreichen und vielschichtigen »Blumen-Test« entdecken. Üblicherweise trachtet man als Therapeut danach, dem Tagträumer ein ganz auf die Blume konzentriertes Katathymes Bilderleben zu vermitteln, mit allen möglichen Sinnesqualitäten, Körperempfindungen und Handlungsimpulsen (typisches Beispiel ▶ Kap. 6). Andererseits ist gerade aus den Abweichungen von der Norm vieles über den Patienten und seine Beziehungsgestaltung zu lernen. In diesem Fall reichern sich die ersten Hypothesen zur Psychodynamik um weitere an. Bezogen auf die Achsen der OPD sind z. B. auf Achse I günstige Voraussetzungen für die Motivation, die Einsichtsfähigkeit und die persönlichen Ressourcen auszumachen; auf Achse II zeigen sich bestimmte Muster in der Beziehungsgestaltung; in die primäre Einschätzung der Achse III kommt diagnostisch neue Bewegung hinein; auf Achse IV bestätigt sich die Annahme einer weitgehend stabilen psychischen Struktur, mit guter Bindungsfähigkeit, Ambivalenztoleranz und anderen reifen Ich-Funktionen. Alles in allem spricht dieser ITT mit seinem diagnostisch ergiebigen

4.4 Zur therapeutischen Seite der diagnostischen Trias: Fallbeispiele

»Blumen-Test« für eine Fortsetzung des katathym imaginativen Behandlungsansatzes.

Andreas B., ein hoch aufgeschossener, ungepflegt wirkender Junge von 16 Jahren, hat massive Probleme in der Schule. Er versteht sich nicht mit den anderen Jugendlichen. Denen ist er »zu lebhaft«. Deshalb spielt er lieber mit den »großen Kindern« und ist viel mit ihnen unterwegs. Auf der Leistungsebene bestehen die Schulprobleme darin, dass Andreas sich nicht konzentrieren kann, schlechte Leistungen bringt, viel herumzappelt und die anderen damit stört. Der Verdacht auf ein ADHS hatte sich ausräumen lassen.

Die Eltern leben getrennt. Die Mutter hatte ihren Mann verlassen, als sie während der Schwangerschaft dessen »psychische Probleme« feststellte und nach der Schwangerschaft ihrerseits eine längere Depression durchmachte. Ihre Eltern, bei denen sie bis heute wieder wohnt, halfen nach Kräften aus und kümmerten sich trotz ihrer anstrengenden Berufstätigkeit um das Baby. Andreas darf seinen Vater wegen dessen »gefährlicher« Erkrankung von Gerichts wegen eigentlich nicht besuchen. Aber der Sohn liebt seinen Vater wegen der spielerischen Phantasie, die der chronisch kranke Mann immer wieder mal an den Tag legt, wenn er »gut drauf« ist.

Der Therapeut kommt zu der Behandlungshypothese, dass es mittelfristig um eine Rehabilitation des Vaters, des Vaterbildes und der nach außen hin manchmal verrückt erscheinenden Scherze mit den ihnen zu Grunde liegenden Phantasien gehen würde. Er zieht die Möglichkeit der Behandlung mit der KIP in Betracht, um seinem Patienten neue Erfahrungen zur Förderung der emotionalen und sozialen Nachreifung zu vermitteln. Von den vielen negativen Erlebnissen, die ihm berichtet werden, lässt er sich nicht so sehr beeindrucken und fragt lieber beherzt, worin Andreas denn richtig gut sei, vielleicht sogar besser als die anderen. Seine Vorlieben und besonderen Fähigkeiten? Basketball, da gehöre er zu den größten. Fahrradfahren, da könne er am längsten durchhalten. Angeln, da sei er richtig gut, weil er doch die Sprache der Fische verstehen könne. (Das klingt märchenhaft oder magisch. Ob da wohl von der psychotischen Krankheit des Vaters etwas »abgefärbt« hat?)

Während des Vorgesprächs zum Tagtraum gehen dem Therapeuten verschiedene Ideen für ein Vorstellungsmotiv durch den Kopf. Ein allgemein übliches Motiv für den Anfang wäre die »Blume«, aber das erschiene ihm zu schulmäßig. Interessant wäre vielleicht eine Situation beim Angeln. Aber das würde zu weit vom üblichen Vorgehen abweichen (zu »ver-rückt«?). Schließlich entscheidet sich der Therapeut für einen Kompromiss und gibt als Vorstellungsmotiv eine »Wiese« vor. *Andreas sieht hohes Gras und viele Blumen, eine davon ganz anders, groß und hoch. Der Tagträumer steht zunächst auf einem Damm am Rande der Wiese.* (Auf die Frage, was er jetzt gerne hätte oder tun möchte, kommt ganz schnell der Wunsch:) *Ich möchte mich gerne zu der großen Blume dazu legen und mich neben ihr ausbreiten wie auf einem riesigen Fußballrasen.* (Der Therapeut bleibt in Rede und Antwort dabei, den jungen Protagonisten einfach nur zu ermuntern, sich auszubreiten und alles mit vollen Sinnen zu genießen. Mal wird das eine Empfinden mit Worten belegt, mal das andere. Äußerlich betrachtet passiert also gar nicht

Abb. 4.2: Das von Herrn A. zu seinem ITT gemalte Bild

4.4 Zur therapeutischen Seite der diagnostischen Trias: Fallbeispiele

viel. Gegen Ende noch einmal die Frage nach dem Befinden:) »*Ach, ich fühle mich einfach wohl hier, und das könnte ewig so weitergehen.*« (Der Therapeut hatte erst kurz zuvor in Erfahrung gebracht, dass die Trennung der Eltern in den letzten Schwangerschaftsmonaten der Mutter erfolgte und war darauf eingeschwungen, seinem Patienten Möglichkeiten der emotionalen Nachreifung zu vermitteln.) – Einfach ein Wohlbefinden und nichts anderes als das wird in der Nachschwingphase des Tagtraums geäußert.

Auf dem vom Patienten gemalten Bild (▶ Abb. 4.2) ist in der Mitte die große Blume zu sehen und neben ihr auf der Wiese der Junge, ausgestreckt auf dem Rücken liegend. (So wäre dann doch noch ein »Blumen«-Bild zustande gekommen.)

Dem Leser mag am Tagtraumgeschehen und an dem dazu gemalten Bild ein gewisses poetisches Element nicht entgangen sein. Im Fall von Manuela A. wurde bereits auf verschiedene Lesarten der Symbolik hingewiesen. Bei Andreas B. geht es darüber hinaus um eine Art von Bedürftigkeit, die besondere implizite Qualitäten des Vorgehens erfordert. Der Therapeut war in seinen diagnostischen Überlegungen ja zu dem Schluss gekommen, dass sein Patient ein frühes Entwicklungsdefizit mitbringt, das Schritte der Nachreifung erfordert. Stand bei Manuela A. das konflikthafte Moment im Vordergrund, das einen deutenden Zugang nahelegt, so ist im Fall von Andreas B. eher ein »Etwasmehr« als Deutung (Stern et al. 2012, S. 123) notwendig. Nicht das nachträgliche Verstehen der Bedeutung von Symbolen wird hier angezeigt sein, sondern das Erschaffen von Bedeutsamem, beginnend mit einer alles annehmenden, in sich aufnehmenden, haltenden und tief befriedigenden Beziehung. Es würde bei Andreas nicht zuletzt um die Mentalisierung von unvertrauten Affekten gehen, und das alles nicht ohne Visionen für künftige Möglichkeiten dieses jungen Menschen. Schon im ITT scheint das erste Stück einer Zentralen Beziehungsgeschichte in Gang gekommen zu sein, auch und gerade weil sich das alles ohne viel Drumherum an einem kleinen, aber gemeinsam erschaffenen Ort abspielte.

4 Kernelemente der Diagnostik

Der 24 Jahre alte Siegfried C. wirkt bei der ersten Begegnung verlebt und verschlossen, voller Ablehnung und Feindseligkeit. In einem Staccato-Ton, der keine Widerrede zu dulden scheint, berichtete er über das, was ihm angetan wurde. Er sei als kleines Kind Opfer einer pädophilen Gruppe gewesen, und die Oma sei sadomasochistisch mit ihm verfahren. Vor eineinhalb Jahren sei ihm in der Therapie hochgekommen, wie er von dieser Frau gequält und wie er von anderen sexuell benutzt wurde. Er habe sie alle angezeigt. Die neue Therapeutin lässt er wissen, dass er sie wegen ihrer EMDR-Ausbildung aufsuche. Das helfe ja angeblich gegen hochkommende Horrorvisionen.

Er sei trotz allem immer stark geblieben, es sei nicht gelungen, ihn zu beugen, er habe gelernt, sich zu verteidigen, sich in Selbstverteidigung geübt (»der Soldat in mir«). Er habe keine Arbeit, lebe bei der Mutter, habe kein anderes Ziel vor Augen als das der Rache an denen, die ihm übel mitgespielt hätten. Wenn dieses Ziel mal erreicht sei, habe sein Leben keinen weiteren Sinn mehr. Sobald die früheren Ereignisse in ihm wieder hochkämen, habe er das Gefühl, nicht mehr er selbst zu sein, und das mache ihm Angst. Manchmal empfinde er sich in zwei verschiedenen Welten.

Wenn Herr C. nach dichten und therapeutisch ergiebigen Stunden zu einer neuen Sitzung zu spät kommt, interpretiert die Therapeutin ihm das nicht vorrangig als Angriff auf das Setting, sondern als Versuch, sich zu schützen und ein mögliches Zuviel-des-Guten vorsorglich zu dosieren. Wenn der Patient mal wieder »geladen« in die Therapie kommt, wertet die Therapeutin seine allwaltende »Wut auf Gott und die Welt« auch als Zeichen einer großen Kraft und Vitalität, die ihm im Verlauf der Therapie noch dienlich sein könnte. Neben dem Soldaten in ihm lassen sich andere Ich-Zustände in Sprache fassen, z. B. das tapfere Kind oder der innere Richter. Die Therapeutin beginnt damit, Prinzipien der Traumatherapie zu erläutern und unkontaminierte positive Erinnerungsspuren zu verorten, die in eine erste Tagtraumübung Eingang finden könnten. Diese wird sorgsam vorbereitet.

Zum vereinbarten Termin erscheint Herr C. verspätet, nicht ohne sich unter Hinweis auf ein Verkehrschaos zu entschuldigen.

4.4 Zur therapeutischen Seite der diagnostischen Trias: Fallbeispiele

Die Therapeutin versteht das als einen Beitrag zur Dosisbegrenzung und fragt ihren Patienten, ob er sich noch einmal, ohne die Augen zu schließen, aber möglichst intensiv, für eine Weile »die gute Erinnerung vom letzten Mal« vergegenwärtigen wolle, um sie sich noch mehr zu eigen zu machen. Herr C. sieht sich *in einem stillen Waldstück, kein Vogelgezwitscher, Blätter drum herum, wohltuender Schatten, angelehnt an einen Baum, mit den Beinen fest auf dem Boden.* – Der Patient kann beim Imaginieren seiner Erinnerung verweilen, mit entspanntem Gesicht. Dann heißt es: »Das war's!« – Gemalt wird nicht. Aber mit der Zeit folgen auf diesen Miniatur-Tagtraum weitere katathyme Imaginationen, wie sie sich in der KIP bei komplexen traumatischen Störungen bewährt haben (▶ Kap. 7.5).

Die drei Fallbeispiele zur diagnostischen Trias machen deutlich, dass und warum strukturelle Gesichtspunkte in der initialen Phase einer KIP differenziert abzuklären sind. Der Einsatz bestimmter Vorstellungsmotive hängt von eben dieser diagnostischen Einschätzung ab, stellt zugleich aber auch eine Sonderform von therapeutischer Intervention dar. Die diagnostische Trias hat immer auch eine therapeutische Seite. Die Einbindung der Motive in ein therapeutisches System ist Gegenstand des nachfolgenden Kapitels.

5 Kernelemente der Therapie

Harald Ullmann

5.1 Eine psychodynamische Methode und ihre Besonderheiten

Die Katathym Imaginative Psychotherapie (KIP) stellt eine Sonderform der psychodynamischen Psychotherapie dar, die im deutschen Sprachgebrauch auch als tiefenpsychologisch fundierte Psychotherapie bezeichnet wird. Die KIP orientiert sich an den für psychoanalytisch begründete Verfahren wesentlichen Konzepten über die unbewussten Prozesse, die Abwehrvorgänge, die therapeutische Beziehung und die Widerstandsphänomene. Gegenüber der Psychoanalyse unterscheidet sich die KIP – zusammen mit anderen Formen der psychodynamischen Psychotherapie – u. a. durch Begrenzung der Regression und durch Fokussierung auf zentrale Themen. In ihrem Symbolbegriff nutzt die KIP sowohl Sichtweisen der Psychoanalyse in Nachfolge von Sigmund Freud als auch Sichtweisen der Analytischen Psychologie nach C. G. Jung.

Symbolische und imaginative Elemente sind in einer ganzen Reihe von Psychotherapieformen anzutreffen, für die das Element der Beziehung einen hohen Stellenwert hat. In der KIP bündeln sich Symbol, Beziehung und Dialog in einer spezifischen Ausprägung von Imagination, die durch eine intensive Verbindung mit der körperlich-sinnlichen und affektiven Basis des Erlebens charakterisiert ist (▶ Kap. 3). Wegen des affektiven Elements wird diese Imaginationsform als »katathym« (affektbestimmt, gefühlsgetragen) bezeichnet.

Die *katathyme Imagination* stellt in verschiedener Hinsicht den Dreh- und Angelpunkt der Methode dar. In Form des therapeutisch begleiteten Tagtraums wird sie zum zentralen Parameter und Werkzeug für den Behandlungsprozess. Dieser enthält verschiedene Grundeinheiten oder Komponenten, welche in periodischer Abfolge an Tagtrauminhalte anknüpfen und weitere Imaginationsübungen vorbereiten. Im Folgenden wird das therapeutische System der KIP aus zwei Perspektiven beschrieben. Der Behandlungsverlauf wird in seiner zeitlichen Dimension einer horizontalen Perspektive zugeordnet (▶ Abb. 5.2). Die vertikale Perspektive bezieht sich dagegen auf unterschiedliche Kompetenzstufen in der Anwendung der Behandlungstechnik (▶ Abb. 5.1).

Durch die dialogische Gestaltung des Tagtraums und dessen Einbindung in ein *horizontales System* der Methode wird die für eine tiefenpsychologische Psychotherapie zu fordernde Begrenzung der »im Dienste des Ich« durchaus wünschenswerten Regression gewährleistet. Unter diesem Begriff wird im Allgemeinen ein komplexes Phänomen verstanden, bei dem es zum »Zurückgehen« (lat. »regredi«) auf entwicklungsgeschichtlich frühere kreative Denk- und Ausdrucksformen der Psyche kommt. Während die katathyme Imagination als solche der Regression dienlich sein kann, wird deren Tiefgang zugleich durch das dialogische Element in Grenzen gehalten. Denn der tagträumende Patient tauscht sich simultan mit seinem Therapeuten über den Gang der Handlung aus und erhält sich dadurch einen gewissen Grad an Wachbewusstsein. Der periodisch erfolgende Wechsel zwischen dem Imaginieren (im Tagtraum) und den Gesprächen während der Nacharbeit sorgt dafür, dass auch die Zeitdauer der Regression immer wieder begrenzt wird. In den Gesprächsphasen gibt es genügend Anlass für eine metakognitive Betrachtung des im regressiven Zustand zu Tage geförderten imaginativen Materials. Progressive Tendenzen können sich sowohl in der Imaginationsübung als auch in den nachfolgenden Gesprächen entfalten.

Ein weiteres Merkmal der tiefenpsychologischen Psychotherapie ist deren Fokussierung und Zielorientierung. Wie später noch auszuführen sein wird, ist dies u.a. durch eine Sonderform des symbolischen Elements zu bewerkstelligen, das so genannte »Motiv«, mit dem der jeweilige Tagtraum eingeleitet wird.

Die katathyme Imagination stellt nicht nur in der horizontalen Richtung der Systematik den Dreh- und Angelpunkt der Psychotherapie mit dem Tagtraum dar. Es gibt auch ein *vertikales System* der Methode, das von der katathymen Imagination seinen Ausgang nimmt. Die Systematik der KIP sieht aufeinander aufbauende Kompetenzstufen und Arbeitsebenen vor, welche sich vornehmlich auf die Imagination und deren Gestaltung beziehen. Eine solche Abstufung zielt darauf ab, in angemessenen Schritten an die Bewältigung höherer behandlungstechnischer Schwierigkeitsgrade heranzuführen. Für den Beginn der Ausbildung wie für den Beginn der jeweiligen Therapie ist seit den Anfängen der Methode die »Grundstufe« maßgebend.

5.2 Zur vertikalen Systematik: die Grundstufe

In Analogie zu der dreistufigen Einteilung des Autogenen Trainings stellte Hanscarl Leuner die von ihm begründete Psychotherapie mit dem Tagtraum als ein System aus drei aufeinander aufbauenden Stufen dar, die er als Grundstufe, Mittelstufe und Oberstufe bezeichnete (Leuner 2012). Das vertikale Prinzip abgestufter Kompetenzgrade hat sich in seinen Grundzügen bis heute als brauchbar erwiesen. Der angehende Therapeut erwirbt seine Kenntnisse und Fertigkeiten in Stufen, die zweckdienlich aufeinander bezogen sind. Die Behandlung baut sich in der Regel ebenfalls in Stufen auf, die den Ausbildungsstand des Therapeuten, die strukturellen Gegebenheiten des Patienten und den gegenwärtigen Stand der Therapie berücksichtigen. Die Orientierung an Ausbildungs- und Behandlungsfortschritten dient letztlich dazu, behutsam in die Methode einzuführen und dem hippokratischen Gebot des Verhütens von Schaden zu folgen: »Primum nil nocere!« Die *Grundstufe* der KIP ist dieser Einstellung in besonderer Weise verpflichtet. Sie kann durchaus als Basis und Referenzrahmen der gesamten Methode verstanden werden. Denn wesentliche Aspekte der im Rahmen der Grundstufe vermittelten therapeutischen Haltung bleiben auch dann als Richtschnur gültig, wenn auf einem fortgeschrittenen Niveau zu-

5.2 Zur vertikalen Systematik: die Grundstufe

sätzlich konfrontative Interventionen und komplexere Techniken zur Anwendung kommen.

Die Behandlungslehre der KIP ist so angelegt, dass jede Stufe durch bestimmte *Kategorien* charakterisiert ist, die einander ergänzen: Die therapeutische Haltung passt zum praktischen Vorgehen, für das ein bestimmtes Repertoire an Interventionen zur Verfügung steht. Manche komplexeren Interventionen werden traditionell als »Regieprinzipien« bezeichnet, insofern sie einem auf der Imaginationsebene zum Tragen kommenden dramaturgischen Moment entsprechen. Die so genannten »Motive«, mit denen das imaginative Geschehen eingeleitet wird, gehören in eine besondere Kategorie der Tagtraumtechnik. Das *Motiv* ist einerseits eine spezielle Intervention des Therapeuten, die den Tagtraum eröffnen soll, andererseits ein erstes Symbol, das relevante Themen anschaulich verdichtet und in die Tagtraumszenerie einführt. Jedes dieser »motivierenden« Symbole bringt seinen eigenen Bedeutungshof mit. Die folgende Übersicht führt an oberster Stelle drei Kategorien auf, welche für die Handhabung des begleiteten Tagtraums maßgebend sind. Die zugeordneten Aufzählungen beziehen sich auf die Grundstufe.

Kategorien für die Grundstufe und Basisebene der KIP

Therapeutische Haltung

- ins Imaginieren einübend
- empathisch begleitend
- schützend
- fördernd
- ermutigend
- offen für Neues

Motive

- ITT: Blume (Baum)
- Wiese
- Bach

5 Kernelemente der Therapie

- Berg
- Haus
- Waldrand

Vorgehensweisen

- beschreiben lassen
- alle Sinne einbeziehen
- Empfinden verbalisieren
- imaginativ erkunden
- Neues ausprobieren
- der Situation angepasst intervenieren

Die Rubrik *Motive* beginnt hier mit zwei Varianten für die erste Imaginationsübung, die gewöhnlich als Initialer Tagtraum (ITT) bezeichnet wird und in besonderer Weise zu handhaben ist (▶ Kap. 4). Es folgen fünf so genannte Standardmotive. Darunter versteht man regelhaft zur Anwendung kommende, auf die jeweilige Kompetenzstufe zugeschnittene Motive, die sich in der klinischen Praxis seit langem bewährt haben. Die zahlenmäßige Begrenzung bietet für den Anfang didaktische wie behandlungspraktische Vorteile.

Wenn man die hier aufgelisteten Standardmotive der Reihe nach – auf affektive wie assoziative Anregungen eingestellt – vor dem geistigen Auge Revue passieren lässt, dann erschließen sich ihre spezifischen Anmutungsqualitäten fast wie von selbst. Im Idealfall eines psychisch ungestörten, wenig problembehafteten und gegenwärtig emotional ausgeglichenen Tagträumers mag sich die »Wiese« weiträumig zeigen oder zum Hinlegen animieren, als Spielwiese fungieren oder als weiches Lager, mit eher progressiven oder regressiven Qualitäten ausgestattet. Bei krankhaften Störungen wird die Vorgabe des Motivs »Wiese« zu ganz anderen Szenarien führen. Mal sehen wir einen herbstlichen Stoppelacker vor uns, der einer depressiven Stimmung entspricht. Mal treffen wir auf einen mit Stacheldraht akkurat eingezäunten Rasen ohne Blumen, der zu einer zwanghaften Neurosenstruktur passen könnte.

5.2 Zur vertikalen Systematik: die Grundstufe

Über die augenfälligen diagnostischen Aspekte hinaus, die stets synchron zu beachten sind, kommt es vor allem darauf an, in welcher inneren *Haltung und Einstellung* der Therapeut seinen tagträumenden Patienten empathisch begleitet: auf der Wiese, am Bach entlang oder auf den Berg hinauf. Mit der diagnostischen Erkenntnis allein ist es keineswegs getan, wenn sich z. B. zeigen sollte, dass der Protagonist im entscheidenden Moment aufgrund der repetitiven Muster einer neurotischen Störung »außen vor bleiben« muss, sei es am Rande der Wiese oder an der Eingangstür eines Hauses. Hier ist eine mit Bedacht an die erste Stelle der Kategorien gesetzte adäquate therapeutische Haltung gefragt. Es geht ja zunächst einmal darum, den Patienten so gut wie möglich in die ungewohnte Welt der Imaginationen einzuführen und ihm ein Übungsfeld zu erschließen, auf dem er sich selbst mit allen Sinnen wie auch mit allen möglichen Gefühlen oder Handlungen erleben kann – und das alles nicht ohne die spürbare Präsenz seines Therapeuten. Dieser hat sich im Rahmen der Ausbildung auf der Grundstufe ein technisches Rüstzeug für angemessene Vorgehensweisen angeeignet. Es reicht von ganz basal wirkenden Vorgehensweisen (z. B. beschreiben lassen und sich darüber austauschen) bis zu situativ notwendigen komplexen Interventionen (z. B. einem bissigen Tier, das bedrohlich aus dem Waldrand herausstürmt, Nahrung im Überfluss anbieten).

Schon diese kurze, kursorische und ausschnitthafte Darstellung der Grundstufe lässt erkennen, dass für die therapeutische Arbeit auf dem Basisniveau der Methode viele Wissensinhalte und Fertigkeiten nötig sind. Hierfür wird in der Ausbildung ein kompaktes Curriculum angeboten, das darauf eingestellt ist, mitgebrachte Vorkenntnisse und Erfahrungen aus anderen Methoden nach Möglichkeit zu nutzen (▶ Kap. 11). Neben den Lehrbüchern kann dem interessierten Leser zur Einführung ein umfänglicher, in Download-Form abrufbarer Zeitschriftenartikel empfohlen werden (Kottje-Birnbacher 2001). Mit den Mitteln der Grundstufe lassen sich durchaus viele therapeutische Herausforderungen meistern. In den beiden von Hanscarl Leuner konzipierten Lehrbüchern findet sich hierfür eine Fülle von Beispielen (Wilke 2011; Leuner 2012). Dort ist die klassische vertikale Gliederung in drei Kompetenzstufen schlüssig dargestellt.

5 Kernelemente der Therapie

Mit der Einführung eines kompakten Curriculums hat sich in der KIP de facto ein *zweigliedriges System der Kompetenzstufen und Arbeitsebenen* etabliert, das den didaktischen und klinischen Erfordernissen durchaus gerecht wird. Dementsprechend wird nachfolgend von der klassischen Einteilung in Grundstufe, Mittelstufe und Oberstufe zugunsten eines Zwei-Stufen-Systems abgerückt (▶ Abb. 5.1): Für die Ausbildung und den therapeutischen Prozess kann man zwischen einer Stufe A – der »Grundstufe« – und einer Stufe B – der »Aufbaustufe« – unterscheiden. Das konkrete therapeutische Handeln spielt sich auf dem korrespondierenden Niveau einer Basisebene (»basic level«) und einer Erweiterungsebene (»advanced level«) ab. Für die mit der Grundstufe der Ausbildung erreichte Basisebene der klinischen Arbeit wurden im Textkasten drei Kategorien der Tagtraumtechnik vorgestellt. Mit demselben Prinzip wird auch das in der Aufbaustufe erreichte technische Niveau in Kategorien gefasst. Auch hier rangiert die therapeutische Haltung an erster Stelle. Das therapeutische Repertoire kann und muss darüber hinaus – angepasst an die klinische Situation – immer wieder erweitert oder spezieller ausgeformt werden, z. B. über eine Motivwahl, die sich an Sprachbildern und Metaphern orientiert. Für speziellere Anwendungsbereiche jenseits der neurotischen Störungen sind Modifikationen des therapeutischen Repertoires erforderlich, auf die in den entsprechenden Kapiteln dieses Buchs konkret eingegangen wird.

Über die Beschäftigung mit den Standardmotiven findet der angehende Tagtraum-Therapeut einen anschaulichen Zugang zur Ebene der Imagination und dem dort ablaufenden szenischen Geschehen. Verinnerlichte Beziehungserfahrungen (»Repräsentanzen«) und Aspekte der Übertragungsbeziehung oder anderer relevanter Beziehungen werden auf einer virtuellen Bühne in Bewegung gebracht. Ressourcen, Kompetenzen, Konflikte oder Probleme stellen sich in oft sehr eindrucksvoller Dramatik dar. All dies vollzieht sich mehr oder weniger symbolisch eingekleidet, gefühlsnah und lebendig. Hierzu passen die ursprünglichen Begriffe »Katathymes Bilderleben« (KB) und »Symboldrama«, mit denen die spezifische Imaginationsübung der KIP weiterhin gern bezeichnet wird. Im Rahmen der Grundstufe können sich KB-Therapeuten wie Patienten in angemessenen Lernschritten mit dem imaginativen und dem symbolischen Element der Methode vertraut machen.

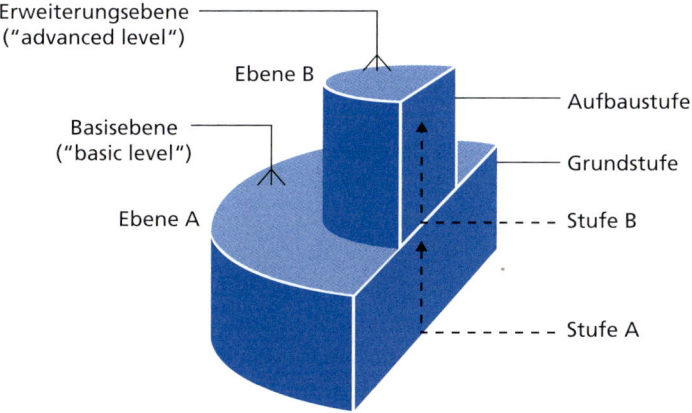

Abb. 5.1: Kompetenzstufen und Arbeitsebenen der KIP

5.3 Phantasieren – Imaginieren – Symbolisieren

Wenn der imaginierende Patient sich in Gegenwart seines Therapeuten eine Vorstellungswelt aufbaut, dann unterscheidet sich ein solcher Tagtraum kategorial von anderen Produkten der *Phantasie*. Im Unterschied zu dem von Freud (1917) beschriebenen »Phantasieren« oder »Tagträumen« ist die Imagination ein Geschehen, das sich im Dialog entwickelt. Insofern könnte man sie auch nicht als ein »Privattheater« im Sinne der Anna O. (Breuer und Freud 1991, S. 42) bezeichnen. Im Gegensatz zum Nachttraum, aber auch zu den Halluzinationen und Wahngebilden, mit denen wir es in der Psychopathologie zu tun haben, verfügt der imaginierende Patient wachen Sinnes über eine »szenische Funktion des Ich« (Argelander 1970b) und kann den Tagtraum jederzeit selbst mitgestalten. Mit dem »katathymen« Wahn hat die KIP nur das aus der allgemeinen Psychopathologie entlehnte Adjektiv gemeinsam, welches auf die besondere Affektnähe dieses Phänomens abhebt.

In der KIP verstehen wir unter *Imagination* ein in die therapeutische Beziehung eingebettetes, dialogisch begleitetes Geschehen mit affektiven, sinnlichen und körpernahen Empfindungen, das sich in einem miteinander aufgebauten Vorstellungsraum in symbolischer und interaktiver Form entfaltet. Aus der Beziehung heraus entsteht ein »Raum« mit vielen Potenzialen, den man mit Bezugnahme auf Winnicott (1973) oder Ogden (2006) im Hinblick auf das neu erschaffene und miteinander geteilte Dritte begrifflich auf verschiedene Weise zu fassen versucht hat (Ullmann 1988; Schnell 1997; J. Dieter 2007; Ullmann 2012d). Die Idee eines »Dritten« geht in entwicklungspsychologischer Hinsicht darauf zurück, dass die ursprüngliche dyadische Beziehungsform in einen reiferen Zustand transformiert wird, wenn ein relevantes drittes Element hinzu kommt. Raum-Metaphern implizieren ein dreidimensionales Format, das bereits über sich hinaus weist, und zwar in Richtung auf einen Prozess, der die Dimension der Zeit und rhythmische Abläufe einschließt. Dem versuchen Konzepte Rechnung zu tragen, in denen die KIP als Fundus für Geschichten und Metaphern erscheint (Ullmann 2009) oder als Zusammenwirken zweier »Räume« (Kottje-Birnbacher 1992): Nachdem im »Erlebnisraum« des Tagtraums unmittelbare Erfahrungen zu machen waren, können aus dem imaginativen Geschehen im »Verarbeitungsraum« der nachfolgenden Gesprächsphasen neue Einsichten, Einstellungen und Verhaltensweisen abgeleitet werden (▶ Kap. 6 Fallbeispiel).

Die Imagination als solche spielt eigentlich in jeder Psychotherapie eine Rolle, und mit dem symbolischen Element ist es nicht anders. Nur gehen Imagination und *Symbol* in der Psychotherapie mit dem Tagtraum als »katathyme Imagination« eine substantiell einzigartige Verbindung ein, die für den Behandlungsprozess von zentraler Bedeutung ist. Nicht alle Patienten bringen eine ausgereifte und funktionsfähige Symbolisierungsfähigkeit mit (W. Dieter 1999; J. Dieter 2000). Bei Patienten mit Entwicklungsdefiziten oder beeinträchtigter Symbolisierungsfähigkeit muss die KIP deshalb durch eine stellvertretende Übernahme von Ich-Funktionen im Dienste der Nachreifung modifiziert werden (Dieter 2006; ▶ Kap. 7.1). Auch schwerer beeinträchtigten Patienten kommt, sobald sie mit einer Vorstellungsübung beginnen, immer wieder etwas vor Augen, das für etwas anderes steht. In erkenntnistheoretischer Hinsicht wirkt die dem Menschen eigene »symbolische Form«, sobald »ein geistiger Bedeutungsgehalt an ein konkretes sinnliches Zeichen geknüpft« wird (Cassirer 1923, S. 75). Darüber hinaus gehend bedarf die voll ausgebildete Symbolisierungsfähigkeit nach tiefenpsychologischer Auffassung einer individuellen mentalen Reifung – oder Nachreifung – auf der Basis von förderlichen Beziehungserfahrungen (▶ Kap. 3 und ▶ Kap. 7.1).

Das Symbol als solches entzieht sich immer wieder einer eindeutigen begrifflichen Fassung, auf die sich alle philosophischen oder psychotherapeutischen Schulen einigen könnten. In der Praxis der KIP finden vor allem die folgenden drei Facetten des Symbols Beachtung. Eine erste Facette betrifft die Richtung der Symbolik. Im einen Fall mag sie eher kausal-reduktiv in eine Vergangenheit führen, die es aufzuklären gilt, im anderen Fall mag sie final-prospektiv in die Zukunft weisen. Findet man z. B. in einem »Haus«, das nach der entsprechenden Motivvorgabe der Grundstufe erkundet wird, *ein geheimnisvolles Buch*, dann kann sein Inhalt Vergangenes enträtseln oder auf Künftiges hinweisen.

Eine zweite Facette des Symbols hat mit dem Spannungsfeld zwischen dem Selbst und den Objekten zu tun. Wir unterscheiden demgemäß vier Aspekte, unter denen das jeweilige Symbol in der KIP für das Subjekt, für ein Objekt, für ein Übertragungsobjekt oder für ein Übergangsobjekt stehen kann (▶ Kap. 4.4 Fallvignette Manuela A.). In einer dritten Facette der Betrachtung erscheint das Symbol im Sinne des Embodiments in eine je individuelle leibseelische Entwicklung eingewoben, die mit Hilfe der katathymen Imagination teilweise nachvollzogen werden kann. Körperlich-sinnliche Erfahrungen und affektives Erleben gehen den mental und neuronal verankerten Strukturen voraus.

Im Zuge der Grundstufe lernt man wenige Standardmotive, aber bereits eine Vielzahl von symbolischen Szenarien kennen, die sich aus der Motivvorgabe heraus entwickeln. Gleichzeitig sind verschiedene Faktoren der Übertragungs- und Gegenübertragungskonstellation im Auge zu behalten. Denn mit einer milde positiv gestimmten, vertrauensvollen und gemeinsam nach unbewusstem Material suchenden Übertragungsbeziehung, wie sie dem von Leuner (2012) ursprünglich angeführten Modell einer Taucherexpedition ins Unbewusste entspräche, ist nicht ohne weiteres und jederzeit zu rechnen. Auf die *therapeutische Beziehung* wird deshalb in einem späteren Kapitel noch gesondert eingegangen (▶ Kap. 8.1). Angesichts der genannten Variablen empfiehlt es sich für den Anfang, erst einmal einen gewissen Erfahrungsschatz im Umgang mit den Standardmotiven zu erwerben, bevor man mit Modifikationen oder mit anderen Motiven zu experimentieren beginnt. Gleiches gilt für die Vorgehensweisen der Grundstufe, die in der darauf aufbauenden nächsten Stufe um mannigfache Handlungsanweisungen und Interventionsmöglichkeiten erweitert werden. Hierzu gehört ein elaboriertes Repertoire an Standardmotiven in Verbindung mit der dazu passenden Technik für deren situationsadäquate Auswahl und Ausgestaltung oder auch »Neuerfindung«.

5.4 Zur vertikalen Systematik: die Aufbaustufe

An dieser Stelle soll ein erster Eindruck von den Weiten und Tiefen der Imagination vermittelt werden, die sich nach der Grundstufe auftun. Tabellarische Übersichten und detaillierte Erläuterungen zur Praxis der KIP finden sich in verschiedenen Lehrbüchern (Wilke 2011; Leuner 2012; Bahrke und Nohr 2013) und im Handbuch (Ullmann und Wilke 2012).

Die Aufbaustufe fordert und fördert mehr Konfrontation und Konfliktfreude. Sie gibt dem Fortgeschrittenen ein größeres Spektrum an Kompetenzen und Steuerungsinstrumenten an die Hand. Mit komplexen Regieprinzipien hat man auf der *Erweiterungsebene* die Wahl zwischen zwei Polen, die sich im Wechselspiel wunderbar ergänzen können. Da ist auf der einen Seite ein *Pol der symbolischen Konfrontation* mit bedeutungsträchtigen Inhalten des Tagtraums. Vornehmlich handelt es sich um Wesen oder »Personen«, durch die Konflikte oder Kräfte mit ihrer Entstehungsgeschichte hindurchscheinen (lat. »persona« bezeichnet eine Maske vor dem Gesicht des Schauspielers, aus der seine Stimme hindurchtönt). Da ist auf der anderen Seite ein *assoziativer Pol* der Tagtraumführung, wie er in der Aufbaustufe gelehrt und geübt wird. Die Assoziation vollzieht sich in der KIP vor allem entlang einer affektbestimmen (»katathymen«) Schiene, die inhaltliche und zeitliche Sprünge erlaubt. So kann man z. B. aus der affektiv angereicherten Szene der Begegnung mit einer konfliktbesetzten Symbolgestalt flugs in eine frühere Situation gelangen, in welcher der betreffende Konflikt gründet. Der Tagträumer kann sich aber auch schnell in eine vorgestellte zukünftige Situation versetzen, in welcher er den alten Konflikt mit neuen Mitteln in einem anderen Kontext zu meistern lernt.

Zum therapeutischen Repertoire der Erweiterungsebene zählen ebenfalls einige *Standardmotive*. Ihnen ist – den Grundzügen der Aufbaustufe entsprechend – eine größere thematische Dichte gemeinsam. Zu den Standardmotiven, die sich bis heute als besonders ergiebig bewährt haben, gehören u. a.: die Begegnung mit einer Beziehungsperson, die Einladung zur Mitnahme in einem spontan anhaltenden Fahrzeug, ein Löwe (oder allgemeiner: ein wildes Tier), der Vorname einer Person mit derselben Geschlechtszugehörigkeit (das so genannte »Ich-Ideal«), eine Höhle, ein Sumpfloch, ein Vulkan. Schon beim Lesen dieser Aufzählung dürfte zu spüren sein, dass es sich hier um Vorstellungsmotive handelt, die zielgerichteter und konfrontativer angelegt sind als die Standardmotive der Grundstufe. Sie bringen einige Brisanz mit sich und erfordern fortgeschrittene therapeutische Kompetenzen. Auf der Erweiterungsebene ist viel Spielraum für eine einfallsreiche *Motivgestaltung*, sei es durch Modifikationen der Standardmotive, durch das Erfinden passender neuer Motive oder durch die Kreation von Motiven aus der jeweiligen Situation heraus. An den Symbolen und Metaphern des therapeutischen Prozesses anknüpfend kommt man zu einer metaphorisch-narrativen Motivgestaltung. Als komplexe Sonderform der Motivgestaltung bietet sich die Möglichkeit, mit den Mitteln der katathymen Imagination an einem Nachttraum des Patienten weiter zu arbeiten, ausgehend von einer bedeutsam erscheinenden Passage. Dem »fortgeschrittenen« Patienten kann ggf. streckenweise zugemutet werden, ohne Motivvorgabe mit dem Imaginieren zu beginnen, mitunter auch weitgehend ohne Interventionen (»Nullstrukturierung«). Das Setting weist dann während des Imaginierens auf der Couch Ähnlichkeiten mit der Psychoanalyse auf. Es sei dahingestellt, ob eine Kombination mit der »klassischen« Psychoanalyse, wie sie Leuner für die von ihm so genannte »Oberstufe« der KIP vorschwebte, erstrebenswert und aus Sicht der jeweiligen Methode vertretbar ist. Ein alternierendes Setting wird mitunter praktiziert (Grothaus-Neiss 2001).

5.5 Zur horizontalen Systematik: der Tagtraum und was darauf folgt

Die therapeutischen Haltungen und Techniken, wie sie im Rahmen der vertikalen Gliederung der Methode in Stufen und Ebenen bis jetzt erläutert wurden, beziehen sich streng genommen nur auf die zentrale Tagtraumübung. Die anderen Komponenten des im Hinblick auf den zeitlichen Verlauf in horizontaler Richtung gegliederten Ensembles einer typischen KIP sind mit ihren Funktionen und den zu beachtenden technischen Regeln deshalb unabhängig von der Stufeneinteilung darzustellen.

Wie eingangs erwähnt, folgen in der Regel auf den jeweiligen Tagtraum das Malen eines Bildes und das Gespräch darüber. Diese zentrale Triade wird sich im weiteren Verlauf formal wiederholen und zugleich inhaltlich neu mit Material aus dem fortschreitenden Behandlungsprozess füllen. Aus der schematischen Darstellung einer Verlaufsstruktur der KIP (▶ Abb. 5.2) ist die Gesamtheit der Komponenten ersichtlich, welche hier wie auf einem horizontalen Zeitstrahl aufgereiht erscheinen. Die klinische Praxis nimmt sich ganz anders aus als eine bloße Aneinanderreihung von verschiedenen Grundeinheiten. Denn das Ganze ist mehr als die Summe seiner Teile, für die gleichwohl noch auszuführen sein wird, wie sie sich in Funktion und technischer Handhabung unterscheiden. Das abstrakte Schaubild bedarf dar-

5.5 Zur horizontalen Systematik: der Tagtraum und was darauf folgt

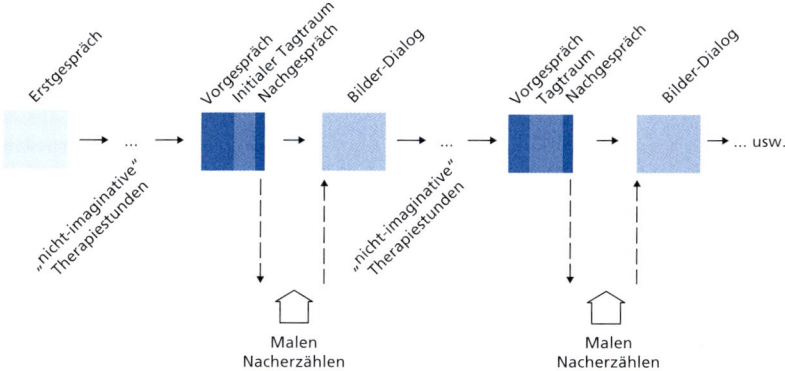

Abb. 5.2: Verlaufsstruktur einer KIP
Der imaginativen Phase einer KIP geht regelhaft eine Phase der Anamnese, der diagnostischen Orientierung und der Indikationsstellung voraus. Die zentrale Einheit der Methode besteht idealtypisch aus drei Teilen: 1. Therapiesitzung mit begleitetem Tagtraum; 2. zu Hause malt der Patient etwas dazu und fertigt nach Möglichkeit ein nacherzählendes Protokoll an; 3. Therapiesitzung mit Gespräch über das mitgebrachte Material (»Bilder-Dialog«). Nach ein paar weiteren »nicht-imaginativen« Gesprächen ist die Zeit reif für einen nächsten Tagtraum.

über hinaus der Ergänzung durch klinische Beispiele und konkrete Fallgeschichten (▶ Kap. 6, Ullmann 2001).

Die einzelnen Komponenten des Behandlungsverlaufs unterscheiden sich von der zentralen Tagtraumübung nicht zuletzt auch im Hinblick auf ihren geringeren Anteil an primärprozesshaftem Erleben (▶ Kap. 9.3). Aus der Sicht der KIP-Prozessforschung macht die Primärprozess-Modalität einen spezifischen Wirkfaktor aus (Stigler und Pokorny 2012). Andererseits geht das Überwiegen der Sekundärprozess-Modalität mit einem geringeren Grad an funktioneller Regression einher, verbunden mit günstigen Voraussetzungen für Reflexion und Einsicht.

Die *Tagtraumübung* als solche liefert mehr als ein primärprozesshaft gestaltetes Material, das später mit expliziten psychodynamischen Mitteln zu verstehen und zu bearbeiten wäre. Denn die im Tagtraum prozessual aktivierten Episoden wurzeln ja nicht zuletzt in bewusstseins- und sprachfernen Gedächtnissystemen (▶ Kap. 5.6). Ein wesentlicher Teil der »Verarbeitung« problematischen oder hilfreichen Materials spielt sich auf implizitem Niveau »live« ab: an und mit nichtdeklarativen Gedächtnisinhalten. Die auf den Tagtraum folgenden Komponenten der KIP hätten dann eher die Funktion der Integration als die der expliziten verbalen Nachbearbeitung. Diese beginnt bereits in der so genannten »Nachschwingphase« der Imaginationsübung.

Wenn der Tagträumer aus dem mit der Imagination verbundenen Trance- oder Dämmerzustand – dem so genannten »Hypnoid« – auftaucht, befindet er sich noch in einer Art von Ausnahmezustand. Die mehr oder weniger dichte dialogische Begleitung, die der Patient während der Imaginationsübung erfahren hatte, wird von einer Situation abgelöst, in welcher er weitgehend sich selbst überlassen ist, ohne allein zu sein. Bilder, Körperempfindungen und Affekte bekommen in der *Nachschwingphase* einen eigenen Entfaltungsraum. Betrachtet man die Zeit des Nachschwingens im Sinne von Winnicott (1974) unter dem Aspekt der Übergangsphänomene, dann ginge es hier um einen besonderen Zustand des Alleinseins in Gegenwart des Anderen. Der aus der imaginativen Versenkung auftauchende Tagträumer befindet sich in einem labilen, zugleich empfänglichen und verletzlichen Zustand, in dem vorschnelle Deutungen eine Art von Übergriff wären. Während der Patient nachsinnt und staunt, hat der Therapeut gewisse Schutzfunktionen wahrzunehmen, wie sie für die Basisebene der Methode gelehrt werden. Technisch geht es darum, die nachschwingenden Affekte (»katathym«) zu begleiten, sie vorsichtig mit Worten zu belegen, Unerkanntes oder Unerwähntes nach Möglichkeit einzubeziehen und die Nachschwingphase dann angemessen zu Ende zu bringen.

Die Nachschwingphase ist ihrerseits eingebunden in ein *Nachgespräch*, während dessen sich der Patient wieder in der ihn umgebenden Realität orientiert und damit beginnt, sich seine eigenen Gedanken zu dem gerade Erlebten zu machen. Dem entspricht auf der Seite des Therapeuten die technische Regel, Deutungen zu unterlassen, das Nachgespräch nicht zu überfrachten und am Ende der Stunde zur medialen Nacharbeit aufzufordern. Darunter ist in jedem Fall das Malen eines Bildes zum Tagtraum zu verstehen, nach Möglichkeit auch das Anfertigen eines Protokolls. Manchmal bedienen sich Patienten anderer Me-

5.5 Zur horizontalen Systematik: der Tagtraum und was darauf folgt

dien, z. B. der Photographie und der Collage, oder sie formen aus Ton eine für sie bedeutsam gewordene Gestalt.

Im Unterschied zum therapeutischen Tagtraum, der als ein dialogisches Geschehen abläuft, befindet sich der Patient gleichsam in einem monologischen Zustand, wenn er zu Hause malt oder protokolliert. Berücksichtigt man mitlaufende Erinnerungen und beginnende Verinnerlichungsprozesse, dann relativiert sich die naheliegende Kategorisierung als »monologisches« Geschehen. Die Patienten gewöhnen sich oft bald daran, dem *Malen und Protokollieren* einen besonderen Platz in ihrem Wochenplan einzuräumen. Sie schätzen das Nachsinnen wie das Reflektieren. Mit der sekundären Bearbeitung des imaginativen Materials sind an dem vorangegangenen Tagtraum mitunter ganz neue Züge zu entdecken, mal im Sinne der Verformung durch Widerstandsphänomene, mal im Sinne von kreativen Lösungen, an die bisher niemand gedacht hatte (▶ Kap. 6 Fallbeispiel). Mitunter geht es auch darum, Schmerzlichem eine neue Form zu geben oder eine unabgeschlossene Gestalt zu vervollständigen. So darf man als Therapeut auf die Stunde nach der Imaginationsübung gespannt sein!

In der nächsten Therapiesitzung spielt der Dialog über das zum Tagtraum gemalte Bild in der Regel eine besondere Rolle (▶ Kap. 6 Fallbeispiel). Der Ausdruck Bilder-Dialog impliziert, dass letztlich immer eine Vielzahl von Bildern »im Raum« anwesend ist, wenn Patient und Therapeut auf ein konkretes Produkt des Malvorgangs schauen. Manchmal werden mehrere gemalte Bilder oder ganze Bildergeschichten mitgebracht. Nach Möglichkeit wird zudem über eine zu Hause anzufertigende Nacherzählung gesprochen, die üblicherweise in Form eines Protokolls verfasst ist, aber auch zu neuen, weiterführenden Geschichten ausgesponnen werden oder eine lyrische Form annehmen kann. Bei dieser Komponente der KIP geht es ebenfalls primär nicht ums Deuten, sondern vielmehr um ein Andeuten, Hindeuten und Hinführen zu neuen Optionen. Der Therapeut sollte sich stets des Unterschieds zwischen der Wirklichkeit des Tagtraums und der des gemalten Bildes gewahr sein: Letzteres bildet den Tagtraum oder einzelne Szenen daraus nicht ab, sondern es stellt eine zweite Neuschöpfung dar! Assoziationen zur Symbolwelt eines solchen Bildes können im Sinne der Psychoanalyse zu einem tieferen Verständnis des Ursachengefüges von Konflikten und Symptomen beitragen, sie können aber auch im Sinne der Analytischen Psychologie nach C. G. Jung der »Amplifikation« dienen, d. h. der Anreicherung des Bedeutungsgehalts durch den Therapeuten.

Der Bilder-Dialog hat im Vergleich zum Tagtraum mehr Abstand zum Primärprozess und findet auf einem weniger regressiven Niveau statt. Der Patient befindet sich demgemäß in einem vergleichsweise erwachsenen Zustand, in dem er sich selbst schützen und neue Sichtweisen ausprobieren kann. Der Rekurs auf ein zum Tagtraum geschriebenes Protokoll, der üblicherweise zwar in derselben Sitzung, aber erst im Anschluss an den Bilder-Dialog erfolgt, bringt sprachvermittelte Aspekte aus dem Erzählformat hinzu. Die ganzheitlichere (»rechtshirnige«) Betrachtungsweise hat meist Vorrang vor der sequentiellen (»linkshirnigen«) Nacharbeit, in der sich Verhaltensaspekte und Aspekte der Beziehungsgestaltung oft recht prägnant darstellen. In jedem Fall kann man in der Sitzung nach dem Tagtraum auf eine neue Weise miteinander »ins Spiel« kommen. Fachliche Kompetenzen, die während der Ausbildung in einer anderen Psychotherapiemethode erworben wurden, sind hier mit Gewinn zu integrieren.

Jede Nachbearbeitungsphase leistet einen Beitrag zur therapeutischen Veränderung der ursprünglichen Themen, für die nunmehr weitere Optionen der Wahrnehmung und des Handelns zur Verfügung stehen. Im Tagtraum werden immer wieder alternative Geschichten kreiert, die als Narrative beispielhaft in die fortschreitende Therapie und in den Alltag hinein wirken können (Ullmann 2001). Die im Tagtraum und im Bilder-Dialog zum Tragen kommenden Symbole sind in der Erinnerung meist über weite Strecken hin erstaunlich lebendig. Sie bereichern das *therapeutische Gespräch* um ein bildhaftes und metaphorisches Element.

Manche Metaphern ziehen sich wie ein roter Faden – als so genannte »interaktive Metaphern« – anregend und zusammenfassend durch den gesamten therapeutischen Prozess. Sie werden gerne zur Hinführung auf die nächste Tagtraumübung genutzt. Das unmittelbar vorausgehende Gespräch hat einen eigenen Stellenwert, weil sich darin bereits die anstehenden Themen zu bündeln beginnen, sei es unbewusst oder bewusst intendiert. Im *Vorgespräch* kann man mit Gewinn

5.5 Zur horizontalen Systematik: der Tagtraum und was darauf folgt

auf den angesammelten Schatz an symbolischem und metaphorischem Material Bezug nehmen. Wenn sich alternative Sicht- und Verhaltensweisen abzeichnen, die es auszuprobieren und einzuüben gilt, ist mitunter ein psychoedukatives Moment angebracht. Das Vorgespräch mündet schließlich in die Imagination ein, deren Anfang in aller Regel durch ein zu formulierendes Vorstellungsmotiv markiert wird. Manchmal erfordert es die klinische Situation, vorher miteinander über das ins Auge zu fassende Motiv zu sprechen. Meist profitiert der Patient mehr von dem mit der Motivvorgabe verbundenen Überraschungseffekt, der Muster unterbrechen und kreative Prozesse fördern kann.

Vorgespräch, Tagtraum und Nachgespräch bilden inhaltlich eine kleine, zusammenhängende Einheit des unmittelbaren Erlebens, die üblicherweise als *Tagtraum-Sequenz* bezeichnet wird. Diese Tagtraum-Sequenz fügt sich mit dem medialen Gestalten zwischen den Sitzungen und mit dem Bilder-Dialog zu einer größeren Einheit, der so genannten *Tagtraum-Periode*. Der Bilder-Dialog als der dritte und letzte Teil der Tagtraum-Periode weist über den anfänglichen Tagtraum hinaus in weitere Stunden der Nachbearbeitung und Integration. In der Regel ist es ein bis drei Sitzungen später »an der Zeit«, eine neue Tagtraumübung durchzuführen. Häufig entwickeln Patient und Therapeut miteinander ein Gefühl für den passenden Rhythmus in der Abfolge von Tagtraum-Perioden der jeweiligen KIP. Der Therapeut hat dafür Sorge zu tragen, dass das eine nicht mit dem anderen abgewehrt wird: die Realität des zu bewältigenden Alltags und allfällige Konflikte (auch solche innerhalb der Therapie) mit dem Tagträumen oder das Tagträumen mit dem Alltag und ständig wechselnden Problemen. Die KIP verbindet ein Augenmerk für innerpsychische Fortschritte, die an Bildern abzulesen sind, mit dem notwendigen Augenmerk für die Umsetzung ins Alltagsgeschehen.

5.6 Anwendungsbereiche, mnestischer Prozess und Konsolidierung

Die didaktische wie die klinische Ausdifferenzierung der Psychotherapie mit dem Tagtraum wurde von Singer, einem der Pioniere für imaginative Ansätze in der Psychotherapie, schon früh erkannt und gewürdigt. Für ihn war das Katathyme Bilderleben »der wohl systematischste unter den europäischen Ansätzen zur mentalen Imagination oder zum Tagtraum« (Singer und Pope 1986, S. 147). In ihren Anfängen wurde die neue Methode rasch in ihren Qualitäten als Kurzzeit-Psychotherapie erkannt und empfohlen (Wolberg 1980). In Leuners Schriften sind viele eindrucksvolle Beispiele und Belege für so schnell wie nachhaltig zu erzielende Wirkungen des Katathymen Bilderlebens zu finden. Die Kurzzeit-Psychotherapie und Fokaltherapie kann demgemäß als eine Domäne der KIP angesehen werden, auch wenn andere wichtige Anwendungsbereiche hinzugekommen sind.

Das heutige *Anwendungsspektrum* für katathyme Imaginationen sowie Indikationen und Kontraindikationen gehen aus den nachfolgenden Aufzählungen hervor.

Anwendungsgebiete für katathyme Imaginationen:

- Kurzzeittherapie, Fokaltherapie, Langzeittherapie, Selbsterfahrung
- Einzel-, Paar- und Familientherapie
- Gruppentherapie
- Therapie älterer Menschen, ggf. unter Einbeziehung der Angehörigen
- Therapie von Kindern und Jugendlichen, ggf. unter Einbeziehung der Angehörigen
- Krisenintervention
- Beratung, Coaching, Supervision

Indikationen für die KIP:

- akute und chronische Belastungsreaktionen, z. B. Erschöpfungsdepression, »Burnout-Syndrom«

- neurotische Symptome und neurotische Strukturen, z. B. Phobie, Angstneurose, depressive Struktur
- ich-strukturelle Störungen, z. B. Borderline-Syndrom, PTBS
- psychosomatische Erkrankungen und somatoforme Störungen, z. B. Anorexia nervosa, Colitis ulcerosa, arterielle Hypertonie, Schmerzsyndrome
- somatopsychische Störungen, z. B. nach Brustkrebs-Operation oder bei der Verarbeitung von Unfallfolgen

Kontraindikationen für die KIP:

- akute hirnorganische Störungen, z. B. Enzephalitis, Delir
- mangelnde zerebrale Substanz, z. B. schwere Minderbegabung, fortgeschrittene Demenz
- schwere soziale Anpassungsstörungen, z. B. Dissozialität
- akute affektive und psychotische Störungen, z. B. schwere depressive Phase, akute schizophrene Psychose
- Abhängigkeitserkrankungen mit fortgesetztem Suchtverhalten, z. B. Polytoxikomanie, chronische Alkoholkrankheit
- mangelnde Kooperation, z. B. heftige Agiertendenzen, »negative therapeutische Reaktion«

Was in obigen drei Aufzählungen zusammengestellt ist, wird möglicherweise ebenso wenig das letzte Wort bleiben wie unser Verständnis von den Wirkfaktoren der Tagtraummethode. Denn die KIP hat sich bisher stets weiterentwickelt, indem die mit dieser Methode arbeitenden Therapeuten Erfahrungen aus Nachbardisziplinen und neuere wissenschaftliche Erkenntnisse in ihre Praxis und Theorie integrierten. Hier lässt sich u. a. auf Einflüsse aus der Säuglings- und Bindungsforschung oder aus der mentalisierungsgestützten Therapie hinweisen. Wesentliche Impulse verdankt die KIP nicht zuletzt der Gedächtnisforschung und den Neurowissenschaften. Es entspricht der klinischen Evidenz und den Forschungsergebnissen (▶ Kap. 9), dass die katathyme Imagination im Zusammenspiel mit den anderen Komponenten des strukturierten Systems der KIP eine nachhaltige Wirkung entfalten kann. Unter Bezugnahme auf die genannten Wissenschaftszweige lässt sich die zu beobachtende Nachhaltigkeit der Methode konzeptuell auf einen Prozess zurückführen, der Gedächtnis tragende Strukturen verändert. Ein solcher *mnestischer Prozess* ist nicht nur in psychischen, sondern auch in neuronalen Strukturen verankert (▶ Kap. 3).

Schon der Verhaltenstherapeut und Psychotherapieforscher Grawe (1998, 2004) hatte auf die prozessuale Aktivierung als eine Art von Initialzündung für psychische Veränderungen hingewiesen. In der KIP erfolgt dies über die vielfach kodierten Motive und Symbole der katathymen Imagination, die mit einem spezifischen Zustand der Aktivierung verschiedener Gedächtnis- und Gehirnstrukturen einhergeht. Im Moment der Vorstellung eines bestimmten Gedächtnis- und zugleich Phantasieinhalts kommen Erinnerungen an frühere Geschehnisse mit dem Erleben im Hier-und-Jetzt zusammen. Während der Aktivierung einer solchen mehrfach codierten Episode, begegnen sich zugleich auch Gedächtnisinhalte aus dem expliziten und dem impliziten System, die ihrerseits in unterschiedlichen neuronalen Netzen verankert sind. Der mentale Pol der Imagination korrespondiert mit ihrem neuronalen Pol in der *Episodenaktivierung*. Das gesamte Geschehen ist von der aktuellen Situation abhängig, vom augenblicklichen affektiv verkörperten Zustand des Individuums und vom gegenwärtigen Kontext. Im Zusammenspiel zwischen den impliziten und expliziten Faktoren der Episodenaktivierung können aus einem andersartigen Kontext, zu dem auch eine entsprechende Beziehungserfahrung gehört, alternative Erfahrungen und Einsichten resultieren. In dem miteinander aufgebauten und aufrecht erhaltenen Vorstellungsraum ist es z. B. möglich, Affekte, für die es bisher keine Worte gab, mit Gefühlsqualitäten anzureichern oder für nicht-bewusste Erlebnisinhalte erstmals eine bewusstseinsfähige, d. h. sprachliche Form zu finden.

Die Episodenaktivierung wird durch einen Prozess der *Konsolidierung* komplettiert, für den die KIP mit ihrer Abfolge verschiedener Komponenten gute Voraussetzungen bietet. Das symbolisch wie sprachlich und implizit wie explizit formatierte Erlebnismaterial kann – unter »mnemotechnischen« Gesichtspunkten betrachtet – gleichsam vielfach »durchgespult« werden. Auf neuronaler Ebene entspräche das dem Zusammenspiel verschiedener Hirnstrukturen und einer dauerhaften Implementierung auf dem Wege der Neuroplastizität. Eine ausführlichere Darstellung des mnestischen Prozesses ist dem erwähnten Handbuch der KIP zu entnehmen (Ullmann und Wilke 2012). Koukkou und Lehmann (1998, S. 189) zufolge kommt es in der Psychoanalyse im Zuge wechselnder Zustände des Gehirns zur Entdeckung und zur Reorganisation »maladaptiven Wissens«. Dieses wurde »mittels normaler Lernfunktionen als die ehemals bestmögliche Verhaltensweise zur Konfliktreduktion erworben, sekundär generalisiert und automatisiert« (Bürgin 1998, S. 22). Es zeigt sich später in situationsinadäquaten Denk- und Verhaltensmustern. In der KIP nehmen solche Muster auf bildhafte Weise Gestalt an, beginnend mit dem ersten Tagtraum (▶ Kap. 4). Wenn sich im Laufe der Behandlung Veränderungen erzielen ließen, dann bedürfen diese einer langfristigen Konsolidierung. Die *Abschlussphase einer KIP* ist auch und gerade in dieser Hinsicht von Bedeutung. Geht eine psychotherapeutische Behandlung ihrem Ende entgegen, dann ist Bilanz zu ziehen und Rückblick zu halten. Und es ist Abschied zu nehmen von einer einmaligen, besonderen Beziehung. Die KIP hat hier mit ihrer reichhaltigen Bilderwelt und dem durch sie zur Wirkung gelangenden mnestischen Prozess spezielle Möglichkeiten. Die miteinander gestalteten Tagtraum-Geschichten sind im impliziten Gedächtnis wie im gemeinsamen impliziten Unbewussten der Dialogpartner vielfach »geschichtet« aufbewahrt und individuell neuronal vernetzt. Zur abschließenden Bilanz, zur Retrospektive und zum Abschied kann man sich nunmehr aufs Neue der bildhaft-symbolischen Ebene bedienen.

Im Anschluss an die anfängliche standardmäßige Vorgabe von Motiven hat sich nicht selten eine Motivgestaltung etabliert, die in Metaphern und Bildergeschichten der jeweiligen KIP gründet. Im Rahmen einer solchen metaphorisch-narrativen Art der Motivgestaltung findet der anstehende Abschied seine Vorstellungsmotive nicht selten wie von selbst. Es stehen aber auch eine ganze Reihe von vorgefertigten Motiven aus dem Standard der zweiten Reihe parat, die jetzt nicht einzeln aufgeführt werden sollen. Bewährt haben sich z. B. die Motive »Brücke«, »Tor« und »Bahnhof«. Angesichts der oft stattlichen Anzahl an Tagträumen und Bildern bietet es sich mitunter an, gemeinsam Rückschau zu halten und sich den Fortgang der Therapie auf diese Weise noch einmal vor Augen zu führen. Wie in der Fallgeschichte von jener

5 Kernelemente der Therapie

Patientin bei Legrum (2001, S. 288), die am Ende ihrer ereignisreichen Therapie im letzten Tagtraum *als junge Zigeunerin durch ein altes Tor nach draußen* geht. In der letzten Stunde wird alles, was sie während dieser Therapie gemalt hatte, noch einmal zum Gegenstand gemeinsamen Erinnerns, ausgelegt auf dem Boden, Bild für Bild, dem Ausgang zu.

6 Fallbeispiel

Waltraut Bauer-Neustädter

Einzeltherapie mit der KIP ist sowohl als Kurz- als auch als Langzeittherapie möglich. Ausführliche Falldarstellungen finden sich u. a. bei Linke-Stillger (2012a) sowie Ullmann (2001). Die Häufigkeit des Einsatzes von katathymen Imaginationen in einem Behandlungsverlauf ist grundsätzlich variabel und wird auf den individuellen Prozess abgestimmt. Die nachfolgende Falldarstellung bezieht sich auf eine Langzeittherapie mit insgesamt 55 Stunden; zwischen Behandlungsbeginn und -ende liegen zweieinhalb Jahre. Wir haben uns bewusst dafür entschieden, hier die Behandlung einer spätadoleszenten Patientin darzustellen und hoffen damit sowohl Erwachsenen- als auch Kinder- und Jugendlichenpsychotherapeuten anzusprechen.

Zur Vorgeschichte

Selina kommt als 18-Jährige zur Therapie. Sie wird bis zur Praxistür von der Mutter begleitet. Gut ein Jahr zuvor war ihre Schwester (+1) eine Woche nach Erhalt ihres Führerscheins tödlich verunglückt. Nach dem, was die Jugendliche berichtet, war es bei ihr zu einer regressiven Entwicklung mit ausgeprägt depressiver Symptomatik, Konzentrationsproblemen, Leistungseinbußen in der Schule und zunehmendem Vermeidungsverhalten gekommen. Um bessere Noten zu erreichen, wollte sie das Schuljahr wiederholen. Den Führerschein hat sie abgebrochen, sie will ihn aber unbedingt machen, auch wenn sie große Angst davor hat. Einen ersten Therapieversuch hat sie abgebrochen, weil sie sich von der Therapeutin gedrängt fühlte, an altersgemäßen Aktivitäten teilzunehmen. Eindringlich erklärt sie, dass sie keinen Kontakt zu fremden Menschen aufnehmen kann, wenn sie das alleine tun muss. Die Schwester sei auch ihre beste Freundin gewesen. Zusammenfassend beschreibt sie ihren Zustand: »Ich bin ziemlich träge geworden und habe an nichts mehr Freude, aber ich leide auch unter dem Alleinsein.«

Die Jugendliche ist das zweite gemeinsame Kind ihrer Eltern und wurde 14 Monate nach der älteren Schwester geboren. Ihre Entwicklung verlief unauffällig, gleichwohl brauchte sie immer jemanden, der sie begleitete. Im Kindergarten und in der Grundschule war dies durch die Schwester gewährleistet, sie war immer in ihrer Nähe. Mehr noch, im Beisein der Schwester war Selina häufig die Forschere von beiden. In ihrer Erinnerung dominiert das Verbundenheitsgefühl gegenüber der Schwester, die Atmosphäre im Elternhaus kann kaum konkret beschrieben werden. Mit der ängstlichen Mutter fühlte sie sich eng verbunden, den Vater bringt sie in ihrer Erinnerung vor allem mit unterstützenden Außenaktivitäten in Verbindung. Ihre Mutter (+36) ist Hausfrau und ist als Teil einer Einwandererfamilie im Kleinkindalter nach Deutschland gekommen. Der Vater (+29) ist der zweite Ehemann der Mutter.

Erste Eindrücke

Die ersten Überlegungen gehen dahin, dass Selina durch die gewaltsame Trennung von der Schwester mit ihrer eigenen unfertigen Entwicklung und unabgegrenzten Identität konfrontiert ist und dadurch – neben der verständlichen Trauer – eine regressive Entwicklung ausgelöst wurde. Darüber hinaus ist das Autonomiethema absolut angstbesetzt: es ist lebensgefährlich, *auto*nom und *mobil* zu werden. Das für die ganze Familie belastende Lebensereignis wird von der spätadoleszenten Patientin mit einer Anpassungsstörung mit Angst und depressiver Symptomatik beantwortet. Angesichts ihrer abhängigen Persönlichkeitsstruktur kommt es statt der alters- und entwicklungsmäßigen Progression zur Regression. In struktureller Hinsicht nach OPD-KJ-2 (2013) ist bezüglich der Dimension Steuerung bei der Impulssteuerung (stark kritisierendes Über-Ich; situationsgebundene Übersteuerung), der Affekttoleranz und den Steuerungsinstanzen von einer eingeschränkten Integration, bei der Selbstwertregulation von einer geringen Integration auszugehen. Auch bei der Dimension Identität (Kohärenz, Selbsterleben, Selbst-Objekt-Differenzierung und Objekterleben) ist von einer zumindest eingeschränkten Integration auszugehen. Die größte Problematik besteht in Bezug auf das Gefühl der Zugehörigkeit. Durch den Tod der Schwester wird ihr zunehmend schmerzlich bewusst, wie allein und überfordert sie ist. Hinsichtlich der Dimension Interpersonalität besteht sowohl beim Affekterleben als auch bei der Empathie und der Fähigkeit, sich zu trennen, eine geringe Integration. In der Dimension Bindung fällt auf, dass die Jugendliche nur in geringem oder eingeschränktem Maße auf eine sichere innere Basis zurückgreifen kann, die Fähigkeit, allein zu sein, ist ebenso beeinträchtigt.

Der therapeutische Prozess

Probatorische Phase und Initialer Tagtraum. Angeregt durch einige Symbolkarten, die in der Nähe der Sitzgruppe liegen, wendet Selina sich dem lachenden Gesicht von *Ernie* (aus der Sesamstraße) zu. So möchte sie wieder sein, lachend und unbeschwert. Stattdessen stehen derzeit Trauer, Schmerz, Gefühle des Alleinseins, Angst, Unlust, Orientierungslosigkeit und eine insgesamt gedrückte Stimmung im Vordergrund. Indem sie mit Ernie einen Teil eines Paares (Ernie und Bert) wählt, der allein für sich stehen und auch in Abwesenheit des anderen lachen kann, nimmt sie unbewusst das Therapieziel schon ins Visier. Die Orientierung an einer Kunstfigur, in diesem Fall einer Puppe, ist eine andere Besonderheit der Patientin, deren Bedeutung sich der Therapeutin erst im weiteren Verlauf erschließen wird. Im *Initialen Tagtraum (ITT) kristallisiert sich aus einer Vielzahl von Blumen schnell eine einzelne Osterglocke heraus, dies vor einem schwarzen Hintergrund.* Selinas Beschreibung der Blume ist sparsam, *sie sehe normal aus, gelb ... Die Größe könne sie nicht einschätzen. Blätter und Stiel seien einfach grün. Bei der Vorstellung die Blume zu berühren, differenziert sie zwischen der zarten und weichen Blüte und den kalten Blättern.* Auf die Frage, wie ihr die Blume gefalle, kommt ein verhaltenes »*Ja ...* «. Der Frage nach einem möglichen Impuls begegnet sie mit einer Gegenfrage »*Was soll ich tun? ... Abpflücken will ich sie nicht, da geht sie viel zu schnell kaputt.*« Sie sucht nach einer guten Umge-

bung, in der die Blume wachsen kann. Ihr fällt der Vorgarten zuhause ein. Dort passt alles gut zusammen, es ist schön und sehr harmonisch. Und dann: »*Eine Osterglocke und sonst lauter andere Blumen, die ist ganz allein. Sie passt da nicht so hin, es sieht komisch aus, wenn nur eine da rum steht.*« – Vielleicht braucht sie Gesellschaft? – »*Ja, sie steht trotzdem noch alleine, ich kann es mir gar nicht anders vorstellen.*«

Im Nachschwingen dominieren das Gefühl des Alleinseins und das Unvermögen, die Blume aus der Sonderstellung zu befreien. Selina malt zwei Bilder, eine strahlend gelbe Osterglocke mit wenig schwarzem Boden vor einem weißen Hintergrund und das Blumenbeet mit der einzelnen Osterglocke, das spontan an ein Grab denken lässt.

Interpretation: In der Imagination werden die für die Patientin zentralen Themen und derzeitigen Lösungsmöglichkeiten deutlich. Mit der Osterglocke sind Tod und Auferstehung assoziiert. Die Grenzen zwischen Selbst- und Objektrepräsentanzen (steht die Blume für sie selbst oder/und auch für die Schwester?) sind unklar, was zu einer lähmenden Angst und deutlichen Hemmung in der Kontaktaufnahme führt. Ablösung (das Abpflücken) ist nur gewaltsam denkbar und mit der Begrenztheit des Lebens verbunden. Mit Unterstützung der Therapeutin kann eine freundlichere Umgebung gefunden werden. Den Schutz erlebt Selina derzeit jedoch nur in der Nähe der Eltern, gleichzeitig trägt sie damit auch zu deren Stabilisierung bei. Die Isolation kann noch nicht überwunden werden.

Zwischen dem Ende der probatorischen Sitzungen und dem Beginn der Therapie entsteht eine dreimonatige Unterbrechung, die als Ausdruck von Selinas Ambivalenz und Angst, sich sich selbst zuzuwenden, zu verstehen ist.

Ein tropischer Strand. Mit der Rückkehr in den Schulalltag nach den großen Ferien kommt Selina auch zur Therapie. Enttäuscht, fast resigniert berichtet sie, weiterhin viel allein zu sein, kaum Kontakte zu haben. Immer wieder vergleicht sie sich mit der Schwester. Obwohl diese eher zurückhaltend gewesen sei, habe sie ab dem Alter von 14 einen festen Freund gehabt, den sie übers Internet kennengelernt habe. Sie hingegen habe nie eine ernsthafte Beziehung gehabt, obwohl sie viel und gern mit anderen unterwegs gewesen sei.

Ausgangspunkt der imaginativen Arbeit ist jetzt das Motiv »Tropischer Strand«, das in der Adoleszententherapie als Modifikation des Wiesenmotivs gebräuchlich ist. Selina imaginiert *einen breiten Sandstrand mit vielen feiernden Menschen, sie ist mitten drin und trotzdem nicht dabei. Es entsteht das Gefühl, unter Freunden zu sein, ohne jedoch jemanden speziell zu kennen. Es bleibt alles im Vagen, unverbindlich, trotzdem fühlt sie sich wohl.*

Was auf der imaginativen Ebene unter Ausblendung der fehlenden inneren Zugehörigkeit noch positiv erlebt wurde, wird beim Malen zu Hause allein zu konfrontativ. In der nächsten Stunde hat sie das Bild vergessen, und sie regt sich stattdessen fürchterlich über nicht eingehaltene Verabredungen, die mangelnde Verbindlichkeit ihrer Freunde auf. Sich selbst entwertend zieht sie in Betracht, dass es wohl an ihr liegen müsse, dass sie immer wieder enttäuscht werde. Sie möchte so gerne unbeschwert sein, was ihr jedoch nicht gelingen mag. Richtig wütend ist sie darüber, dass der frühere Freund der Schwester eine neue Freundin hat. Sie kann nicht akzeptieren, dass er nach nicht einmal zwei Jahren schon eine Freundin hat! Rücksicht und Loyalität der toten Schwester gegenüber und die Abwehr eigener Schuldgefühle (Überlebensschuld) zwingen sie, progressive Schritte zu unterdrücken und zudem von anderen den gleichen Stillstand (rigides Über-Ich) zu fordern. Auch in der Stunde danach kommt sie ohne Bild, sie habe es zerrissen. Es sei ihr zu peinlich gewesen, das Bild eines Kindes. So vieles sei ihr peinlich und ein weiteres Dilemma wird deutlich: *sie möchte wahrgenommen werden, will sich aber nicht zeigen.* Durch die Gewichtszunahme (+10 kg) nach dem Tod der Schwester, sei alles noch schlimmer geworden. Total genervt bringt sie schließlich ein neu gemaltes Bild mit, es gefalle ihr überhaupt nicht. Auf dem Bild sind zwei Menschen mit nach oben gestreckten Armen von hinten zu sehen. Sie habe das nicht so gewollt, es sollte nach Tanzen aussehen. Deutend bietet die Therapeutin in Anlehnung an das Thema der letzten Woche an, dass es vielleicht auch darum gehe, auf sich aufmerksam zu machen oder gar ein Notsignal zu senden.

Interpretation: Selina sucht die Lösung ihrer Probleme weiter im Außen. Dies gilt sowohl für ihre Beziehungen im Alltag als auch für die Übertragungsbeziehung. Kommt die erhoffte Reaktion oder Lösung von außen nicht, erfolgen resignativer Rückzug und Selbstbeschuldigung. Dennoch: im gemalten Bild und dem damit verbundenen Handlungsdialog verleiht sie ihrer inneren Not Ausdruck. In dieser Situation erweisen sich die katathymen Imaginationen und die gemalten Bilder als besonders wertvoll, weil Wesentliches der Wunsch- und Bedürfniswelt, der Ängste und der Art der Beziehungsgestaltung sich zeigen und zum Gegenstand der gemeinsamen Betrachtung gemacht werden kann.

Bach. Trotzdem geht Selina in der therapeutischen Beziehung wieder mehr auf Distanz, verweigert weitere Tagträume mit dem Hinweis darauf, dass sie sich nicht so richtig entspannen könne und dass sie auch nicht wisse, ob ihr das helfe. Ihr fällt wieder Ernie ein, der Hoffnungsanker für die Zukunft. Das Todes- und Trennungsthema darf nicht berührt werden, genauso wie das Zimmer der Schwester zuhause unberührt bleibt. Mit sich selbst äußerst unzufrieden (mangelnde Selbstwertregulation), erwartet sie auch von ihrer Umgebung zur Enttäuschungsprophylaxe eher Negatives. Dennoch gelingen Fortschritte im Außen. Sie besteht die theoretische Führerscheinprüfung ohne Fehler. Das Autofahren selber ist – ähnlich wie die Schule und das Lernen – teilweise von Unlustempfinden begleitet. Außer wenn sie schnell fahre, 180 km/h, das mache Spaß!

Nach Bewältigung der Schwellen- und Angstsituation (Führerschein) kann sie sich dem Imaginativen wieder mehr öffnen. Um den Entwicklungsaspekt weiter anzusprechen, wird das Motiv *Bach* vorgegeben. Schnell wird deutlich, dass es ihr weiter eher um Regression als um Progression geht. *Selina will dem Bach nicht folgen, einfach an der Stelle bleiben und spielen. Sie setzt weiße Papierschiffchen, bestückt mit Blüten, ins Wasser, sie schwimmen im Kreis, sollen bei ihr bleiben. Sie fühle sich wie ein kleines Kind, so mit 9/10 Jahren.*

Interpretation: Die blumengeschmückten Schiffchen symbolisieren neben dem kindlichen Spiel eine rituelle Handlung, in der etwas dem Fluss des Lebens übergeben wird. Gleichzeitig kann sie es noch nicht loslassen.

Wegkreuzung. Mehr als voranzuschreiten, wünscht sie sich die Gemeinschaft mit anderen, das Gefühl der Zugehörigkeit. Auf der imaginativen Ebene stellt sich das beeindruckend beim Motiv der *Wegkreu-*

zung dar. Sie befindet sich auf einem braunen Feldweg und weiß nicht, wo sie hingehen soll. Während auf der einen Seite Nebel aufzieht, wird es auf der anderen Seite tiefschwarz. Irgendwie ist es ihr unheimlich. Der einzige Ausweg besteht darin, den Blick zurück zu wenden auf die angenehme Wiese der Kindheit, auf der sie sich mit ihren Freundinnen zum Grillen und Entspannen trifft. Und dennoch blitzt der Autonomiewunsch auf, als Drachen, den sie fliegen lässt.

Dem Drachen widmet sie beim Malen ein eigenes Bild. Wie der Kasper aus der Kiste oder eine Pop-up-Figur steht der lilafarbene Drache plötzlich am Himmel. Der erstaunt überraschte Gesichtsausdruck spiegelt das freudige Erschrecken der jungen Frau, als sie feststellt, dass der Drachen gar keine Schnur hat, um ihn festzuhalten. Er ist frei! Für einen kurzen Moment lässt Selina sich während des Bilder-Dialogs auf eine imaginäre Reise des Drachens in die Welt ein.

Interpretation: Über das Imaginieren macht die Patientin ihrer Therapeutin deutlich: ich bin noch nicht so weit, ich möchte verweilen, spielen, mit anderen zusammen sein. Mit der Regression *vor* den Konflikt stärkt sie sich und stellt sich gleichzeitig mit großer Beharrlichkeit gegen die anstehenden Entwicklungsschritte. Die Bilder und Ideen sind in ihr, sie müssen jedoch noch unterdrückt werden. Mit dem Symbol des freien Drachens nähert sich das Autonomie-Thema.

Brücke. Je näher das Ende der Schulzeit mit der Prüfung zum Fachabitur rückt, umso geringer wird Selinas Motivation für progressive Schritte. Der Wunsch, nach Abschluss der Schule ins Ausland zu gehen, bleibt vage, sie kann keinerlei Initiative ergreifen, um sich zu informieren. Auch weiß sie letztlich nicht, was sie mit ihrem Abschluss studieren kann. Als alle Anmeldefristen verstrichen sind, holt Selina sich einen Termin beim Arbeitsamt, der für sie enttäuschend verläuft. »Dort hat man mir auch nicht sagen können, was ich machen kann!« Sie will sich keine Gedanken über die Zukunft machen müssen. In einer weiteren Imagination geht es um das Motiv *Brücke. Sie bildert eine schöne und stabile Holzbrücke, über die sie aber nicht zu gehen vermag. Bis zur Mitte, ja, aber weiter? Man weiß doch nicht, was da auf einen zukommt!* In der darauffolgenden Stunde kommt Selina ohne gemaltes Bild. *Das mache ihr keinen Spaß, sie habe die Perspektive nicht hinbekommen, sei dann wütend geworden und habe alles* *übermalt. Sie wisse sowieso nicht, was das bringen soll.* Nach Thematisierung ihres Widerstands macht sie sich nochmals ans Werk und bringt zur nächsten Stunde eine perfekt gemalte Brücke mit. Ihrer erstaunten Therapeutin erklärt sie, dass sie sich eine Vorlage im Internet gesucht habe, um sie dann abzumalen. Es sei e*ine Brücke aus dem Schwetzinger Schlosspark, sie heiße Lügenbrücke oder so …*

Aber da ist noch das andere Bild, dasjenige, das ihrer Meinung nach misslungen ist. Es hat durch eine Mittellinie getrennt zwei Bereiche. Beim gemeinsamen Betrachten kann sie das »schwarze Loch« als Ausdruck all dessen verstehen, was sie runterzieht und in ihrer Weiterentwicklung hemmt. Sie denkt dabei an eigene Defizite, aber auch an den Tod der Schwester.

Ganz lebendig ist dagegen das »experimentelle Bild«, das ungeplant nach dem schwarzen Loch entstanden ist. Indem es jetzt – beim Bilder-Dialog – auf die andere Seite der Brücke gelegt wird, gewissermaßen als Zukunftsprojektion, bekommt es eine Bedeutung. Selinas Gesicht hellt sich auf: »Das wäre schön! Aber …«. Sie bleibt weiter misstrauisch: »Man kann es nicht wissen.« Schließlich schneidet sie die

Abb. 6.1: Bild zum Motiv Brücke

Abb. 6.2: »Das schwarze Loch« (links) und »Experimentelles Bild« (rechts)

beiden Blatthälften auseinander, sodass das schwarze Loch so unter das Brückenbild gelegt werden kann, dass es ganz verdeckt ist, und das Phantasiebild sich jenseits der Brücke entfalten kann. Unbewusst deutet sich schon hier der später imaginierte Flug des Drachen an.

In diesem Zusammenhang verunsichert sie auch der beginnende Kontakt mit einem jungen Franzosen. Auch hier: sie könne ja nicht wissen, wie er es meine, ob er nur jemanden suche, um deutsch zu sprechen, oder ob er eine ernsthafte Beziehung wolle. Vielleicht seien Franzosen auch anders ... Auch über diese Brücke kann sie nicht gehen.

Interpretation: Mit dem Motiv der Brücke und dem Spielen mit den gemalten Bildern gelingt es, die Ambivalenz in der Schwellensituation für die Patientin spür- und sichtbar zu machen. Überfordert von den Entwicklungsaufgaben der Adoleszenz bleibt sie anscheinend interesselos und entscheidungsunwillig mit der Mutter verbunden und hält an dem regressiven Versorgtwerden fest. Erst die Bearbeitung ihrer Angst, durch den Schritt in die Autonomie selbst vernichtet zu werden, erlaubt ihr ein erstes Abweichen vom Vorbild. Mit dem experimentellen Bild entwickelt sie etwas Eigenes, und auf der Bildebene sind ihre Lebendigkeit, ihre Kreativität und ihre Kraft deutlich erkennbar. So erlebt sie in dem sich anbahnenden Kontakt mit dem jungen Franzosen einerseits die Möglichkeit der Annäherung an die Schwester, aber auch der Abgrenzung, indem sie ihre eigenen Wege geht.

Der Drachen. Im weiteren Verlauf zeigt sich, dass neben den eigenen Abhängigkeitswünschen auch die Festhaltetendenzen der Eltern, insbesondere der Mutter relevant sind. Die inzwischen 20-Jährige steckt zu diesem Zeitpunkt noch fest, sie kann und darf sich nicht lösen, darf sich nicht weiter entwickeln, die Mutter begrenzt sie mit ihrer eigenen Depression und der nicht verarbeiteten Trauer. In einem nächsten Schritt greift die Therapeutin den schon vertrauten *Drachen* auf und erinnert daran, dass der ja frei wäre und dass er tun könnte, was er wolle. Ob sie denn vielleicht Lust hätte, zu schauen, wo er hinfliegen könnte? [Vielleicht nach Japan? Sie hatte ihr Interesse dafür mal bekundet.] Zögerlich stimmt sie zu. »*Stellen Sie sich Ihren Drachen vor, Ihren Drachen, der in der Luft ist und der sich frei bewegen kann ....*«, so die Motivvorgabe. Selina sieht *Reisfelder, die weit weg sind. ... und sie ist der Drache, aber ein richtiger, so mit Schuppen und so,... Der Drache fliegt ohne Flügel, es ist ein asiatischer Drache, der schlängelt sich so wie eine Schlange durch die Luft und bewegt sich dadurch vorwärts. Er kann fliegen und tauchen. ... Schließlich ist sie ganz woanders, sie sieht einen Tempel und Bäume mit Kirschblüten, die rosa sind. Schnell landet der Drache. Vor dem Tempel gibt es eine Tafel, an die man seine Wünsche hängt. Der Drache kann die Wünsche nicht lesen, fasst sie nur an, dies bedeutet ihm etwas.* Als es darum geht, selbst einen Wunsch aufzuhängen, kommt es zu einer Differenzierung: *Der Drache und ich, wir wünschen uns verschiedene Sachen. Er wünscht sich weiter Freiheit, aber ich wünsche mir Freunde.* – Also zwei Zettel, einen Drachenwunsch und einen Selina-Wunsch! Sie kann sich mit dem Freiheitswillen verbinden und dennoch ihren eigenen Wunsch erkennen.

Im Nachgespräch wird deutlich, dass Selina den Drachen kennt, es ist eine Figur aus einem japanischen Zeichentrickfilm, *Chihiros Reise ins Zauberland*. Im Film ist der weiße Drache ein Flussgott, der in Gestalt eines jungen Mannes auftritt und Chihiro hilft, sich in der fremden Welt zu Recht zu finden.

Gut einen Monat später erklärt Selina überraschend, dass sie jetzt einen Plan hat, sie wird für 6 Monate als Au-pair nach Paris gehen. »Hier hält mich nichts mehr, ich will nichts als weg!« Und Französisch will sie lernen. In derselben Stunde zieht sie gegen Ende ein weiteres zur Imagination gemaltes Bild aus der Tasche: der Tempel mit den Kirschblütenbäumen. Es ist das Bild, das ihr bisher am besten gefällt.

Das stimmungsvolle Bild ist berührend, strahlt eine gewisse Ruhe und Zartheit, aber auch Klarheit aus. Die Situation des Wünschens kommt nochmals in den Fokus. Man müsse an den Schnüren ziehen und klatschen, das habe sie so in Filmen gesehen. Man könne seinen Wunsch aber auch auf ein bestimmtes Blatt schreiben und in einem Säckchen bei sich tragen. Das habe ihre Schwester getan, als sie im Rahmen eines Sportleraustausches ein paar Wochen in Japan gewesen sei. Sie habe das Säckchen der Schwester gefunden und geöffnet. Diese hatte sich gewünscht, dass sie immer mit ihrem Freund zusammen bleibe. Das habe sie enttäuscht, sie hätte sich so sehr gewünscht, dass irgendetwas von ihr darauf stehe.

Interpretation: Mit dem Motiv des Drachens und der spontanen Identifikation mit diesem geheimnisvollen Wesen kann Selina für sich neue Bereiche erkunden und ein Stück mehr zu sich selber finden. Zwar orientiert sich die junge Frau einmal mehr an einem Vor-Bild, an einem bestehenden Bild, aber in der Schlussszene gelingt es ihr wie selbstverständlich zwei Perspektiven mit jeweils eigenen Wünschen einzunehmen, Bindung und Exploration kommen zusammen. Der Schwester gegenüber schien es unter Betonung der Gemeinsamkeit immer nur eine Perspektive zu geben, sodass Selina erst durch die Kenntnis des geheimen Wunsches der Schwester gefühlsmäßig erfassen kann, dass diese eine eigene Identität mit eigenen Wünschen hatte. Neben aller Enttäuschung ist dies für sie wie eine Erlaubnis und ein Startsignal, die eigenen Wünsche umzusetzen.

Ein Bad in einer warmen Quelle mit heilsamem Wasser. In Vorbereitung der Au-pair-Tätigkeit macht Selina ein Praktikum im Kindergarten. Die von der Organisation geforderte Charakterreferenz bietet die Gelegenheit, die therapeutische Beziehung nochmals zum Thema zu machen. Der Vergleich von Selbst- und Fremdbewertung macht deutlich, dass sie sich in Erwartung einer negativen Beurteilung selbstkritischer sieht als notwendig. Ihr ohnehin fragiles Selbstwertgefühl gerät nochmals heftig ins Schwanken. Die Unzufriedenheit mit dem Körper, dem zu hohen Gewicht, der Neigung, extrem zu schwitzen, alles nerve sie, auch die Mutter, die sie mit ihren Forderungen bedränge. Angesichts dieses krisenhaft zugespitzten Selbsterlebens bietet sich eine Imagination zur Restitution an: *ein Bad in einer warmen Quelle mit heilsamem Wasser. Bei Mondschein, tanzenden Glühwürmchen und einem Quellbecken mit dampfend warmem Wasser, mitten im Wald, entwickelt sich eine mystische Stimmung, die es ihr erlaubt, sich ganz zu entspannen und auch ihren Körper als leicht zu empfinden. Spontan entwickelt sich der Wunsch, tanzen zu gehen. Angelockt durch die fröhliche Musik nähert sie sich einem Fest. Beobachtend nimmt sie teil an der guten Stimmung der tanzenden Menschen.* Anders als bei dem »tropischen Strand« zu Beginn der Therapie ist sie jetzt mehr im Einklang mit sich selbst, ist mit dem Gefühl sowohl bei sich selbst als auch bei den anderen. Dies spiegelt sich auch in den gemalten Bildern wider.

In der Folge schwankt Selina in Bezug auf Paris zwischen Vorfreude und Angst, kann jedoch bei ihrer Entscheidung bleiben. Mit dem Konkretwerden von Trennung und Abschied kommen die alten Muster nochmals voll zum Tragen. Ihre Entwicklung ist wieder rückläufig: Sie will niemanden mehr kennen lernen, das lohne sich nicht, sie fährt kaum noch Auto, das wäre unnötig, wenn sie dann doch 6 Monate nicht fahre, sie geht nirgends mehr alleine hin, das müsse sie in Paris dann sowieso tun ... und sie will keinen Tagtraum mehr machen, sie will nicht mehr malen müssen! Ich schlage ihr – anknüpfend an die Erfahrungen mit dem experimentellen Bild – vor, vielleicht *einfach so etwas zu malen, das nichts Bestimmtes sein muss*. Sie malt Bilder mit abstrakten Mustern, denen sie explizit keine Bedeutung beimessen will.

Interpretation: Das Bad in der warmen Quelle tut Selina in der aktuellen Situation gut, sie kann sich der Szenerie vertrauensvoll überlassen. Gleichzeitig ist es auch ein Bild für die therapeutische Beziehung, die für sie über alle Krisen, Zweifel und Schwankungen hinweg zur heilsamen Erfahrung wurde und ihr ein Loslösen aus dem familiären Umfeld ermöglichte.

... und was kommt danach?

Bevor Selina nach Paris geht, sichert sie sich noch ab, dass sie auf jeden Fall wiederkommen kann. Auf die Einladung zu einem Katamnese-Termin ein Jahr später reagiert sie nicht. Erst dreieinhalb Jahre später kommt es auf erneute Initiative der Therapeutin nochmals zum

Kontakt. Selina steht vor dem Abschluss ihrer Ausbildung und ist gerade dabei, mit ihrem Freund eine gemeinsame Wohnung zu beziehen. Sich zu trennen ist immer noch ein Thema und ein Rest an Schuldgefühl ist ihr geblieben, wenn sie die Eltern jetzt alleine lässt. Auch gegenüber der Therapeutin hatte sie ein Schuldgefühl, weil sie den Frankreich-Aufenthalt – ähnlich wie die Therapie – vorzeitig abgebrochen habe. Sie trage sich mit dem Gedanken, doch noch einmal Therapie zu machen. Sie bringt zum Ausdruck, dass die katathymen wie die gemalten Bilder und die damit assoziierten Gefühle sie über die Jahre begleitet haben.

7 Ausgewählte Indikationsbereiche

Wilfried Dieter

7.1 Neurosen und Persönlichkeitsstörungen

7.1.1 Auf dem Weg zu einer strukturbezogenen Psychotherapie

Die KIP konzentrierte sich in ihren Anfängen auf *neurotische Patienten*, die über eine ausgereifte Symbolisierungsfähigkeit und stabile Ich-Strukturen verfügen. Bei funktionierenden Abwehrmechanismen im Umfeld der Verdrängung ist es in der psychodynamischen Psychotherapie grundsätzlich möglich und angebracht, sich primär auf intrapsychische Konflikte zu konzentrieren, um an ihnen deutend und »aufdeckend« mit einer expliziten Technik zu arbeiten. In der KIP kommen über die Symbole der Bildebene zusätzlich oder alternativ andere Elemente hinzu, die ihre Wirkungen auch und gerade ohne Deutung entfalten. Leuner (2012) sah in dieser Art der Arbeit an inneren Konflikten die *erste Dimension der Wirksamkeit* des Katathymen Bilderlebens.

Für die Ausweitung des Indikationsspektrums auf *Patienten mit ich-strukturellen Störungen*, die »frühe« Defizite (in den Bereichen Bindung, Mentalisierung, Symbolisierung) mitbringen, wurde eine darauf angepasste implizite Technik notwendig. Diese ist primär auf »frühe Störungen« und nachträgliche Entwicklungsförderung eingestellt, um den betroffenen Menschen in der Therapie neue Erfahrungen zu vermitteln, die zur Nachreifung der Persönlichkeit beitragen. Die *zweite und dritte Dimension der Wirksamkeit* der KIP, die Befriedigung tiefer

Bedürfnisse sowie die Entfaltung der Kreativität, kommen hier zum Tragen.

Ermann (2005) hat für die psychodynamische Therapie ein Konzept formuliert, das in Abhängigkeit von den strukturellen Gegebenheiten zwischen expliziter und impliziter Technik unterscheidet. Die KIP verfügt über ein vergleichbares, um die Möglichkeiten der Bildebene erweitertes Repertoire ihrer Technik (Dieter 2006). Die verschiedenen Techniken greifen jeweils an unterschiedlichen Gedächtnissystemen an und führen zur Veränderung mentaler wie neuronaler Strukturen (▶ Kap. 3). Neben den Kategorien von Konflikt- und Strukturpathologie sind zudem im Sinne der diagnostischen Trias (▶ Kap. 4) stets auch strukturelle Verwerfungen zu berücksichtigen, die auf Traumata zurückzuführen sind. Das eine schließt das andere nicht aus. Jedes zu behandelnde Krankheitsbild bedarf deshalb einer an den strukturellen Gegebenheiten orientierten Theorie der Praxis. Dieses Prinzip wird nachfolgend am Beispiel der psychogenen Depression ausgeführt und mit Falldarstellungen verdeutlicht. Für das genauere Studium von theoretischen Voraussetzungen und behandlungspraktischen Anleitungen sei auf die Literatur zur strukturbezogenen KIP bei einzelnen Krankheitsbildern wie Angstneurose, Depression oder Zwangsneurose verwiesen (Dieter 2003, 2004, 2014).

Zum Stellenwert von Struktur-, Funktions- und Regressionsniveau

Das jeweilige *Strukturniveau* (Ermann 2007) ist in diagnostischer wie in therapeutischer Hinsicht von entscheidender Bedeutung. Ich-strukturelle Störungen führen zu einer mangelhaften Fähigkeit, in einen selbstreflexiven Prozess einzutreten. Ein behandlungstechnisches Problem, mit dem alle psychodynamischen Verfahren umgehen müssen, ist die Neigung zur Regression. Im richtigen Maß dient sie dem therapeutischen Prozess, in einer malignen Entartung (Balint 1970) kann sie destruktiv werden. In der psychodynamischen Therapie sorgen Parameter und Techniken für eine Begrenzung der Regression. In der KIP kommen über die Bildebene weitere Mittel zum Tragen (▶ Kap. 5).

Der Begriff des Strukturniveaus ist dynamisch konzipiert, vor allem wenn ihm das Funktionsniveau an die Seite gestellt wird. Das

Funktionsniveau liefert in der entwicklungsdiagnostischen Untersuchung wichtige Hinweise zum *Regressionsniveau*. Es empfiehlt sich, das Strukturniveau nicht pauschal zu beurteilen, sondern alle fehlenden, eingeschränkten oder intakten Ich-Funktionen für die Diagnostik heranzuziehen. Dem dynamischen Charakter des Strukturniveaus entsprechend ist es sinnvoll, ein Kontinuum zwischen »vorhanden, voll funktionsfähig« und »fehlend, kompletter Funktionsausfall« anzunehmen. Für die Beurteilung des aktuellen Strukturniveaus sind eine Reihe von *Kriterien* maßgebend: Ich-Struktur und Abwehrmechanismen, Art und Qualität der Objektbeziehungen, Angstpegel, Überich-Integration und die sich einstellende therapeutische Beziehung.

Das aktuelle Strukturniveau hat großen Einfluss auf die *Qualität der therapeutischen Beziehung*. Auf höherem und mittlerem Strukturniveau entwickelt sich eher ein tragfähiges Arbeitsbündnis. Dieses setzt eine »therapeutische Ich-Spaltung« voraus, in der die Aufmerksamkeit gleichzeitig auf ein »erlebendes« und auf ein »beobachtendes« Ich konzentriert werden kann. So bleibt der »Als-ob-Charakter« der Beziehung zwischen dem Patienten und dem Therapeuten auch in Belastungssituationen erhalten. Auf einem niederen Strukturniveau ist dies meist nicht möglich. Es kommt zu Projektionen, paranoiden Tendenzen und häufigen Missverständnissen, oftmals auch zu negativen Übertragungen. Die Behandlung nimmt für die Patienten dann eine andere Bedeutung an: Sie verstehen den Sinn der Therapie nicht (mehr) und sind durch deutende Interventionen nicht zu erreichen. Der symbolische Sinn der Sprache geht verloren, und das therapeutische Gespräch reduziert sich auf einen »Handlungsdialog« (»Enactment«).

7.1.2 Depressive Krankheitsbilder

Für die Einteilung depressiver Syndrome sind unterschiedliche Aspekte zu berücksichtigen, z. B. ätiopathogenetische Faktoren (körperliche Verursachung) und Schweregrade (Minor vs. Major Depression). Demgemäß sind unterschiedliche Klassifikationssysteme im Gebrauch. Nachfolgend soll es um depressive Störungen gehen, die als *psychogene Depression* vorrangig durch seelische Faktoren bedingt sind. Dieser Begriff umfasst mehrere Unterformen, die im Rahmen der KIP differenziert zu behandeln sind. Hierzu gehört z. B. die im Rahmen einer akuten Belastungsreaktion auftretende reaktive Depression oder die Depression bei posttraumatischer Belastungsstörung (PTBS). Der strukturbezogene Ansatz soll nachfolgend paradigmatisch an drei ausgewählten Formen der psychogenen Depression herausgearbeitet werden.

In der psychodynamischen Literatur werden für die *neurotische Depression* (▶ Kap. 7.1.2.1) seit langem zwei unterschiedliche Modi der Pathogenese angenommen: die Entstehung als Ausdruck eines intersystemischen psychischen Konflikts (Trieb-Überich-Konflikt) und die Entstehung aufgrund einer gestörten Selbstwertregulation. Diese beiden Vorstellungen schließen sich nicht aus, sondern ergänzen einander. Denn eine andauernde Unterdrückung von Triebbedürfnissen (depressive Persönlichkeit) führt sekundär unweigerlich zu einer Beeinträchtigung des Selbstwertgefühls mit begleitender reaktiver Depression. Die *narzisstische Depression* (▶ Kap. 7.1.2.2) hebt sich dagegen als gesondertes Krankheitsbild ab. Auf die *Borderline-Depression* (▶ Kap. 7.1.2.3) ist schon deshalb näher einzugehen, weil ihre psychodynamische Erforschung unser Wissen über früheste Traumatisierungen und deren Behandlung enorm erweitert hat.

7.1.2.1 Neurotische Depression

Neurotische Depressionen können in Anlehnung an Benedetti (1988) in zwei unterschiedlichen Typen konzeptualisiert werden: als *Überich-Depression* oder als *Es-Depression*. Tendenziell findet man bei Patienten mit einer von Überich-Strenge geprägten Psychodynamik kaum jemals ich-strukturelle Störungen vor. Ihre Persönlichkeit ist meistens auf einem höheren *Strukturniveau* organisiert. Patienten mit einer Es-Depression dagegen wirken oft strukturell gestörter. Sie zeigen eine starke orale Bedürftigkeit, eine Neigung zur abhängigen Beziehungsgestaltung und meist auch eine ausgeprägte Trennungsproblematik.

Überich-Depression

Im Zentrum der neurotischen Störungen auf einem *höheren ich-strukturellen Niveau* steht die neurotische Konfliktverarbeitung bei vorherrschenden Trieb-Überich-Konflikten und Konflikten ödipaler Art, nicht selten im Zusammenhang mit einer anstehenden Verselbstständigung im familiären Kontext. Depressive Affekte werden nicht nur innerseelisch zu Abwehrzwecken »genutzt«, sondern auch zur Vermeidung von Auseinandersetzungen (Neid, Rivalität, Ehrgeiz). In der KIP gilt es, die oft verkümmerte *Wunschwelt* mit Hilfe von Imaginationen anzuregen und jeden Ausdruck von *Vitalität* zu unterstützen z. B. durch Imaginationen, die lustvolle *Bewegung* zum Inhalt haben. Aggressive Phantasien und Impulse, die sich gegen das eigene Selbst richten, und nicht vollzogene Trauer sind auch und gerade in der KIP besonderes »im Auge« zu behalten.

> Eine 35 Jahre alte, allein lebende Akademikerin suchte wegen ihrer Arbeitsstörungen therapeutische Hilfe. Die kontaktfähige, warmherzige und gut aussehende Frau saß nach abgeschlossenem Studium der Philosophie seit fast 15 Jahren an einer mittlerweile praktisch fertigen Dissertation. Immer wieder überarbeitete sie einzelne Passagen und geriet dann in Panik. Zwanghafte Züge des Zauderns und Zweifelns kamen hinzu. Als der für sie zuständige Assistent des Instituts, in den sie sich verliebt hatte, ihr seine Mithilfe bei der Fertigstellung der Doktorarbeit anbot, stellten sich die ersten Symptome einer mit Antriebsarmut, Verlust der Arbeitsfähigkeit und schweren Selbstvorwürfen einhergehenden Depression ein. Ihre Schuldgefühle zirkulierten um das Thema, die Erwartungen ihrer Eltern ständig zu enttäuschen.
>
> Psychodynamisch ging es um einen durch die Auslösesituation reaktivierten ödipalen Konflikt und entsprechende Befürchtungen. Durch eine erfolgreiche Dissertation hätte die Patientin ihren als Vorbild verehrten Vater, einen kurz vor der Emeritierung stehenden Universitätsprofessor, überflügeln und ihre beruflich uninteressierte Mutter »ausstechen« können. Durch die Verliebtheit und die unbewusst drohende »Untreue« dem Vater gegenüber wurde das im neu-

rotischen Symptom der Arbeitsstörung gebundene innerseelische Gleichgewicht erschüttert. Nun stand eine depressive Symptomatik im Vordergrund. Die Patientin hatte sich über die Möglichkeiten einer KIP kundig gemacht und erwartete von dieser Behandlungsmethode neben einer Symptombesserung in überschaubarer Zeit vor allem eine Wiederbelebung ihrer »brach liegenden« Kreativität.

Es war bei dieser Patientin unschwer möglich, mit der »Standardtechnik« zu arbeiten, beginnend mit den Motivvorgaben der Grundstufe (▶ Kap. 5). Schon bald zeigte sich, dass diese Frau über eine hervorragende *Symbolisierungsfähigkeit* (▶ Kap. 3) verfügte. Die in den Imaginationen auftauchenden inneren Bilder erfüllten das Kriterium der »symbolischen Repräsentation« und entsprachen »reifen Symbolen« (Dieter 1999; J. Dieter 2000), wie z. B. bei der Imagination zum Motiv »Haus«.

Bereits in den wenigen vorausgegangenen Imaginationen war die Patientin mit intensiven Affekten in Kontakt gekommen, vor allem mit ihrer kindlichen Sehnsucht nach der Liebe der Eltern und ihrer Trauer darüber, sich diese Liebe »immer durch Bravsein und Arbeit verdienen« zu müssen. *Das Haus, das sie imaginierte, wirkte zunächst stattlich und stabil. Zu genauem Hinsehen angeregt, stellte die Patientin entsetzt einen Riss fest, der darauf schließen ließ, dass dieses Haus eigentlich schon in zwei Hälften zerbrochen war. Angesichts dessen beklagte sie sich darüber, dass ihr die Rolle zufallen würde, das Haus unter Einsatz ihres Körpers mit der Kraft ihrer Arme zusammen zu halten. Vom Therapeuten darin bestärkt, kam sie mit ihrem affektiven Erleben in Berührung, mit der zunehmenden Verzweiflung und mit einem unbeschreiblichen Überforderungsgefühl. Auf eine Anregung des Therapeuten hin konnte die Patientin schließlich fachkundige Handwerker finden, die das Haus mit einigem Aufwand wieder sicher und gebrauchsfähig machen konnten.*

Diese Imagination veranschaulicht die permanente Überforderung des Kindes durch den ödipalen Konflikt. In ihrer unbewussten Phantasie war sie diejenige, welche die Ehe der Eltern zu stabilisieren hatte. Gleichzeitig musste sie die eigenen Triebimpulse niederringen, und zwar sowohl die erotischen Wünsche dem Vater gegenüber als auch die ödipal-aggressiven Rivalitätsgefühle gegenüber der Mutter. Die unbewusste Vorstellung einer Rettung der Eltern war zwar mit narzisstischem Gewinn verbunden, aber um den Preis der neurotischen Fixierung und des Verzichts auf eigene Erfüllung in Beruf oder Partnerschaft. Die durch die Imagination zum Motiv »Haus« angestoßenen Themen konnten schrittweise durchgearbeitet und einer Lösung näher gebracht werden. Die Patientin fand Zugang zur ihrer lange »brach liegenden« Kreativität, entwarf in vielen Zeichnungen Lösungsentwürfe, experimentierte mit Alternativen und setzte sich probehandelnd mit ihren Hemmungen und Ängsten auseinander. Mit dem Abklingen der Depression kam ein Trauerprozess in Gang. Die Trauer galt dem bisher gelebten Verzicht auf ein eigenständiges Leben als Frau mit einem eigenen Begehren. Diese Thematik wurde ganz überwiegend auf der Ebene der Imagination durchgearbeitet, kaum auf einer Übertragungsebene mit entsprechenden Übertragungsdeutungen.

Es-Depression

Im Gegensatz zu den psychodynamischen Voraussetzungen bei der Überich-Depression ist die Autonomieentwicklung beim Typ der Es-Depression in der Regel weniger geglückt. Oft funktionieren diese Menschen auf einem *mittleren ich-strukturellen Niveau*. Im Grunde ähnelt die Psychodynamik stark der später zu beschreibenden narzisstischen Depression, vor allem in Bezug auf eine häufig vorhandene Objektverlustangst, die neben die für die depressive Struktur typische Angst vor Liebesverlust tritt.

Eine 38 Jahre alte, in ihrem Beruf kompetente und erfolgreiche Krankenschwester kam wegen einer chronischen depressiven Verstimmung zur Psychotherapie. Mit ihrer kräftigen Körperstatur und ihrem Auftreten erweckte sie im Erstinterview den Eindruck einer »zupackenden« Frau, doch hatte der Therapeut zugleich den Eindruck, eine ganz kindliche Person vor sich zu haben, vermittelt durch die Art des Blickkontakts und durch manche Sprachwendungen. Ihre chronische Überforderungssituation ließ diagnostisch zunächst an eine reaktive Depression denken. Als Leiterin eines Gemeinde-Pflegedienstes war sie Tag und Nacht erreichbar. Mochte ihr enormer Arbeitseinsatz psychodynamisch auch seine Funktion haben (altruistische Abtretung, Selbstwertregulation), so verlangten ihre Leistungen dem Therapeuten doch spontan einige Bewunderung ab. Als die Patientin diese zunehmend einforderte, stellte sich in der *Gegenübertragung* ein Gefühl von Ärger ein. Dabei hatte der Therapeut aber nicht den Eindruck einer Suche nach Beifall und narzisstischer Spiegelung. Er hörte vielmehr den Vorwurf heraus, dass keiner ihren übergroßen Einsatz genügend würdigt. Hinter der altruistischen Haltung wurden die an ihre Schützlinge abgetretenen Wünsche spürbar, passiv zu sein und versorgt zu werden. Ihre verdrängten oral-kaptativen Bedürfnisse stellen im Sinne der »Haltungen« nach Schultz-Hencke (1951) Sprengstücke des verdrängten vitalen Antriebserlebens dar, die nun in Form von riesigen Ansprüchen und Vorwürfen zum Vorschein kommen.

Die zur Depression führende Auslösesituation begann mit der Erkrankung der in einer fernen Stadt lebenden Mutter, der, nach mehreren Schlaganfällen pflegebedürftig, die Heimunterbringung drohte. Die Patientin dagegen trug sich mit dem Gedanken, Mutter und Vater zu sich zu holen, um die Pflege selbst zu übernehmen. Darin lag aber eine intrapsychische Sprengkraft, die das labile innere Gleichgewicht zu erschüttern drohte. Seit frühester Kindheit war die Beziehung der Patientin zu ihrer Mutter ambivalent und von Enttäuschung geprägt. Die Mutter habe sie nie gemocht, sei nie für sie da gewesen und habe sie gegenüber den Geschwistern immer zurückgesetzt. Der vielbeschäftigte Vater konnte die emotionale Lücke offenbar nicht schließen. Die Patientin hatte ihre Abhängigkeits- und Versorgungswünsche über Abwehrmechanismen wie altruistische Abtretung und Reaktionsbildung unter Verschluss gehalten. Nun war sie nicht nur beruflich und familiär, sondern auch intrapsychisch überfordert. Sie wurde aggressiv gegenüber all den Menschen, die sich zu viel »herausnehmen«. Zugleich schämte sie sich wegen dieser Haltung, versuchte mit vermehrter Freundlichkeit, alles wieder auszugleichen und geriet so in einen Teufelskreis.

Bei der Es-Depression dominieren *oral-passive Charakterzüge*, auch wenn sie nicht selten, wie bei diesem Fall, zunächst hinter altruistischen Aktivitäten verborgen bleiben. Psychodynamisch geht es um die Frustration oraler Versorgungswünsche gegenüber einem vormals überverwöhnenden Objekt, an das die betroffenen Menschen ambivalent gebunden bleiben. Einerseits ziehen sie daraus oralen Trost und erhalten sich ihre Hoffnungen, die jetzt im Rahmen unbewusster Inszenierungen ebenfalls wieder enttäuscht werden. Andererseits führt die übermäßige Bindung an ein Objekt und das begleitende Gefühl von Abhängigkeit zu enormer Aggression, zu Schamgefühlen wegen der perpetuierten Abhängigkeit und zu schuldhaft erlebten Ausbruchsversuchen (»Scham-Schuld-Dilemma«). Der intrapsychische Trieb-Überich-Konflikt ist weniger ausgeprägt als bei den vorgenannten Überich-Depressionen. Dementsprechend stehen Schuldgefühle und Selbstvorwürfe auch nicht derart im Vordergrund. Das klinische Bild wird eher von Klagen (und versteckten Anklagen dem Objekt gegenüber) beherrscht. Die *unterdrückte Vitalität* führt zu einer abgewehrten *Enttäuschungsaggression*, die in der Auslösesituation durchzubrechen droht und durch die Entwicklung einer Depression »abgeblockt« wird.

In vielen Fällen sind die Abwehrstrukturen in Form von Reaktionsbildungen über längere Zeit stabil genug, um die Aggression zu verbergen. Die Patienten können dann ihre oralen Defizite mit dem Angebot von Ressourcen (»aus dem verlorenen Paradies«) in einer symbolischen Form »auffüllen«. Eine solche positive Erfahrung stärkt das Arbeitsbündnis genug, um sich dann in späteren Phasen mit der Aggression auseinanderzusetzen. Ein Verlauf dieser Art ist nicht vorzuplanen oder gezielt herbeizuführen. Im dargestellten Fall führte anfänglich die Enttäuschungsaggression Regie.

Die Patientin imaginierte z. B. als »Ort zum Wohlfühlen« *ein Baumhaus, das sie in ihrer Kindheit oft voller Enttäuschungsgefühle aufgesucht hatte. Sie schnitzte mit einem Messer an einem Holzstück herum. Der Therapeut spürte die unterdrückte Wut der Patientin,*

> *fragte nach ihrem Gefühl und erlebte »live« (auf der Hier-und-Jetzt-Übertragungsebene kommuniziert) etwas von der Wucht der Psychodynamik: Sie antwortete nicht auf seine Frage, sondern erwiderte stattdessen, sie habe sich gerade in diesem Moment in die Hand geschnitten!*

In dieser Imagination hatte die Patientin die Zuwendung ihres Therapeuten zurückgewiesen und ihre angesammelte Enttäuschungswut gegen das eigene Selbst gewendet. Eine solche Dynamik kann nicht auf die gleiche Weise bearbeitet werden, wie das in der vorangehenden Fallvignette beschrieben worden war. Hier ist ein konsequent deutendes Bearbeiten der Übertragung unabdingbar notwendig. Wenn eine *Übertragungsanalyse* unterbleibt, werden die Imaginationen in den Dienst des Widerstands gestellt. Die *negative Übertragung* kann sich u. U. auf die Therapiemethode als solche richten, um den Therapeuten aus Angst vor Liebes- oder Objektverlust von der Aggression zu verschonen.

Bei neurotischen Depressionen vom Typ der Es-Depression ist zunächst vor allem die *zweite Dimension der KIP* (»Befriedigung tiefer Bedürfnisse«) bedeutsam. Es geht neben der Mobilisierung von Ressourcen hier vorrangig um das »Auffüllen oraler und/oder narzisstischer Defizite«. Dafür sind bestimmte Motive (»Kraftquelle«, »Ort zum Wohlfühlen«, » Schlaraffenland«) hilfreich und vor allem eine aktiv-zugewandte, annehmende therapeutische Haltung, welche die neurotisch verzerrten negativen Erwartungen allmählich zu korrigieren hilft. Wenn allerdings – wie im zuletzt dargestellten Fall – die *Aggression* als dominantes Thema in den Vordergrund tritt, sollte der Therapeut beherzt damit umgehen. Neben entsprechenden Motivvorgaben (»wildes Tier«, »Vulkan«) muss zum einfühlsamen, schützenden Begleiten ein konfrontierendes Vorgehen hinzukommen. Andernfalls würde der Patient die Interventionen als mutlos ausweichend erleben und als Zeichen einer Kapitulation auffassen.

7.1.2.2 Narzisstische Depression

»Narzissmus«, wie Kohut (1973) ihn beschreibt, findet sich als eigenständige Entwicklungslinie im Seelenleben aller Menschen. Nach Kernberg (1975) ist »Narzissmus« dagegen ohne eine Beachtung der verinnerlichten Objektbeziehungen nicht ausreichend beschreibbar. Seiner Ansicht nach ist »Neid« ein wesentlicher Affekt, der zur Abwehr gegen Gefühle von Abhängigkeit beiträgt. In der KIP finden beide Aspekte Berücksichtigung (Dieter 2013).

Patienten mit einer narzisstischen Persönlichkeitsstörung konnten im Laufe ihrer Entwicklung kein stabiles Selbstwertgefühl entwickeln und bleiben daher ständig auf *Bewunderung und Zuwendung von außen* angewiesen. Dies wird von *Selbstobjekten* erwartet, d. h. anderen Menschen, die unbewusst als Ausläufer des eigenen Selbst phantasiert werden. Bezogen auf das eigene Selbst sind Menschen mit einer narzisstischen Persönlichkeit unbewusst an Größenphantasien von unbegrenzter Macht und Potenz fixiert und haben weit überhöhte Idealvorstellungen von sich selbst entwickelt.

Die Auslösesituationen von narzisstischen Depressionen drehen sich letztlich immer wieder um reale oder phantasierte Trennungen von Selbstobjekten, um narzisstische Kränkungen mit Infragestellung überhöhter Selbstvorstellungen, um Beschämung und Kritik. Alle diese Faktoren werden wie Objektverluste erlebt und lösen heftige narzisstische Wut aus. Wie bei anderen Depressionsformen wird auch hier die Aggression gegen das eigene Selbst gerichtet: Die Wut darf nicht gegen das kränkende Objekt (zumindest nicht in der eigentlich als angemessen phantasierten vollen Wucht) gerichtet werden, da sie die innerlich erlebte Abhängigkeit gefährden würde. Stattdessen kommt es zur Depression mit Selbstvorwürfen, quälenden Gedanken und einer oft erheblichen Selbstmordgefahr.

> Ein 60 Jahre alter Hochschullehrer in einflussreicher Position kam auf Empfehlung seines Kollegen in Behandlung. Wie sich bald herausstellte, hatte er sich für den aufgesuchten Psychotherapeuten entschieden, weil dieser nicht habilitiert und damit kein potenzieller Rivale im Wissenschaftsbetrieb war. Die äußere Erscheinung dieses

gut aussehenden, gepflegt und elegant gekleideten Mannes stand in krassem Gegensatz zu der inneren Verfassung, wie sie sich für den Therapeuten darstellte. Dieser diagnostizierte eine schwere, durch Suizidalität komplizierte Depression bei narzisstischer Persönlichkeit. Der Patient hingegen wollte nur in Kürze »die Depression los werden« und sich offenbar auf keine längere Therapie einlassen. Der Therapeut verstand das als Ausdruck einer großen Angst vor Abhängigkeit, ohne dies zu problematisieren, im Wissen darum, dass sich aus einer solchen Konstellation heraus durchaus eine tragfähige Motivation entwickeln kann. Die Psychotherapie ging schließlich in 120 Stunden über mehrere Jahre.

In der Auslösesituation kamen mehrere Faktoren zusammen, die mit dem erlebten oder gefürchteten Verlust von Selbstobjekten einhergingen und das narzisstische Gleichgewicht zutiefst erschütterten. Da war zum einen die Krise in einer für ideal gehaltenen Ehe, die nun zu zerbrechen drohte. Da war zum anderen die bevorstehende Pensionierung, die ihn bisheriger Kompensationsmöglichkeiten berauben könnte. Für den Patienten, einen passionierten Marathonläufer (!), stand an erster Stelle sein fortschreitendes Hüftleiden. Dieses war auf eine angeborene Hüftdysplasie zurückzuführen, deren Langzeitauswirkungen er nun seinem Vater anlastete, der sich nicht genügend um eine erfolgreiche Behandlung gekümmert habe. Alle seine eigenen Erfolge konnten nicht mehr die unerträglich kränkende Phantasie ausgleichen, vom Leben – genauer: vom Vater – für ein grandioses Leben nicht rundum ausgestattet worden zu sein.

Der Patient ließ sich bemerkenswert gut auf Imaginationen ein. Er konnte sie sofort genießen und rasch zur Stabilisierung seines Selbstwertgefühls nutzen. Insbesondere *Naturerlebnisse führten immer wieder zu symbiotischen Erlebniszuständen, die er als ungemein beglückend erlebte, ebenso seine Heldentaten* beim Motiv »Stellen Sie sich bitte vor, Sie erleben ein Abenteuer«. Doch gestalteten sich die Imaginationen immer schwieriger, je mehr die Begegnungen mit mütterlichen Gestalten oder dem »Weiblichen« bedeutsam wurden: Der Patient *geriet in reißende Strudel, musste gegen Überschwemmungen ankämpfen, drohte in Abgründe zu stürzen oder fühlte sich »wie aus dem Paradies verstoßen«.*

Die Psychodynamik der narzisstischen Störung ist hier in typischer Weise mit einer *unzureichenden frühen (präödipalen) Triangulierung* verwoben. Der Patient war stark an seine Mutter gebunden und von ihr narzisstisch besetzt worden. Der Vater hatte als ausgleichendes Element versagt. Im bewussten Erleben wurde ihm lebenslang ein Versagen nachgetragen, das sich an der deformierten Hüfte festmachte (s. o.). Das massiv verzerrte und entwertete Vaterbild geht zurück auf projizierte Aggression im Rahmen der ödipalen Triumphphantasie, für die Mutter »eigentlich« ein besserer Partner als der Vater zu sein, mit der Folge massiver Kastrationsangst.

In solchen Fällen ist das *Vaterbild* primär nicht zu analysieren, sondern es muss in der Phantasie erst erschaffen (Ullmann 1988), d. h. *konstruiert* werden. Für die »Konstruktion« des Vaterbildes erwies sich insbesondere das Motiv »Berg« als hilfreich, das dem Patienten über Monate hin mehrfach angeboten wurde. Die ersten Einstellungen des Motivs führten zu eher *depressiven Zuständen, die in öden und verlassenen Passlandschaften ihren Ausdruck fanden. Nach und nach gelang es aber, die Bilder zu »beleben«, Vitalität und Sinnlichkeit darin zu spüren und schließlich einen Berg im Sinne einer Schöpferphantasie mit grandioser Dimension zu erschaffen: »wie die Ama Dablam, nur viel größer und eindrucksvoller!«–* Der Patient konnte seine Therapie also immer mehr zum Übergangsraum oder potenziellen Raum werden lassen und ihn für eine »rekonstruktive Phantasie« (Ullmann 1988) nutzen. Er schuf sich in seiner imaginativen Phantasie ein zur Identifikation und zur Wiederherstellung eines tragfähigen Selbstwertzustandes taugliches ideales Objekt. Parallel mit der Entwicklung von Phantasie und Symbolisierungsfähigkeit kam es zu einer eindrucksvollen klinischen Besserung der depressiven Symptomatik (mit Rückgang der Stimmungsschwankungen und Abklingen der Leeregefühle).

Wie das Fallbeispiel zeigt, hat man bei der Behandlung von narzisstischen Depressionen die erste, auf die Bearbeitung von Konflikten abzielende Wirkdimension über längere Zeit gegenüber den anderen beiden *Wirkdimensionen* der KIP hintan zu stellen: Hier kam zunächst die zweite Dimension (Regression auf konfliktarme Bereiche, narzisstisches »Auftankens«) zum Tragen und schuf die Voraussetzungen für die dritte Dimension (Förderung von Phantasie und Kreativität). Die angemessene Förderung der Phantasie fungiert als Basis für die »Konstruktion« positiv erlebter innerer Objekte.

7.1.2.3 Borderline-Depression

Über Jahrzehnte wurde die Borderline-Persönlichkeitsstörung (BPS) vorrangig mit den Affekten Wut, Hass, Angst (Verlassenheits- oder Vernichtungsangst) und Neid (Kernberg 1975) assoziiert. Aber mit Depression? Das hat sich stark geändert. Zurzeit wird von psychodynamisch orientierten Forschern sehr erfolgreich am Thema *Umgang mit dem nicht repräsentierten Material aus den frühen Gedächtnisspeichern* gearbeitet. Die Frage lautet: Wie kann Gedächtnismaterial aus den impliziten Speichern so »transformiert« werden, dass die expliziten Gedächtnisspeicher immer differenziertere Narrative erschaffen können? Das implizite Material kann jetzt mit dem Begriff von Bollas (1987) als »das ungedacht Bekannte« beschrieben werden. Solche Erzählformen sind das Pendant zur Imagination, die ebenfalls *aus unreifen Vorstufen* stammend eine Metamorphose durchmacht, einen Entwicklungsprozess, an dessen Ende eine reife Symbolisierung steht.

Die Metamorphose vom Nicht-Repräsentierten hin zur »inneren Welt« aus Repräsentanzen ist ein Angelpunkt der heutigen Forschung über die Entwicklung des Selbst und seiner Symbole. Der Prozess wird durch »Handlungsdialoge« erst möglich gemacht. Eng damit verknüpft ist das Konzept der »Szene«, die entschlüsselt werden kann und muss, und das Konzept der »Now Moments« Stern et al. (2012). Die wichtigsten älteren Vorstellungen zum Vorgang der Metamorphose stammen von Bion (1990) und von Winnicott (1973).

Bei Borderline-Depressionen geht es in der KIP vorrangig um die *Regulierung der Beziehung*. Diese Regulierung ist hier an die *reale Anwesenheit* des Objekts gebunden. Im Gegensatz zu den bei anderen depressiven Störungen anzutreffenden Klagen, Selbstanklagen und Schuldgefühlen sowie den oft vorwurfsvoll vorgetragenen Erfahrungen von Hilf- oder Hoffnungslosigkeit klingen die Beschwerden bei BPS anders: Sie gehen mit wütenden Angriffen einher und sind durch das

Erleben von Zurückweisung, Einsamkeit, Leere und Langeweile geprägt. Rohde-Dachser (2010) beschreibt vier pathogenetisch relevante Themenbereiche: die Angst vor dem Verlassenwerden durch ein lebensnotwendiges Objekt, den Einfluss traumatischer Kindheitserfahrungen, die Auswirkung von Bindungstraumata und die Identifikation mit dem Angreifer als Introjekt.

Patienten mit BPS können sich von der Realpräsenz eines wichtigen Objekts nicht lösen, weil sie kein inneres System von Objektrepräsentanzen haben. Das innere Erleben besteht aus Warten, unerträglicher Sehnsucht und der ständig neuen Erfahrung von nicht repräsentierbarer Unerreichbarkeit. Was als Erfahrung in den meisten Fällen vollkommen fehlt, ist die Verfügbarkeit eines emotional konstant zugewandten »Verwandlungsobjekts«. Unter dem Einfluss von Wut, Hass, Angst und Depression gehört die Identifikation mit dem Angreifer bei BPS zu den größten Herausforderungen an eine psychodynamische Methode wie die KIP.

Die therapeutische Beziehung wäre ohne eine »Ausweich- und Erholungsmöglichkeit« extrem gefährdet (Agieren, Enactments). Für die Behandlungstechnik heißt das: Der Therapeut sollte die *Standardtechnik* mit ihren standardisierten Motiven (▶ Kap. 5) immer wieder im Sinne von kurzen Flash-Imaginationen ins Geschehen holen. Damit wird die Imagination als etwas *Drittes* nutzbar (ohne die Zielsetzung, auch gleich Symbole verstehen und bearbeiten zu wollen).

> Ein 25-jähriger Student litt an einer schweren Verlassenheitsdepression mit Hinweisen auf eine Fragmentierung des Selbst, an unerträglichen sexuellen Spannungen sowie an einem kaum erträglichen Groll, der sich auf die Eltern, die jüngere Schwester und vor allem auf seine beträchtlich ältere Freundin richtete. Eine sexuelle Zurückweisung durch sie hatte ihn heftig getroffen, aber als noch viel schlimmer erlebte er es, wenn sich die Freundin nachts im Bett plötzlich zum Schlafen umdrehte und sich dabei einer Unzahl von Kuscheltieren zuwandte. In angstvoller Spannung hatte er zuvor den Abend verbracht und erlebte dann den Moment der Abwendung als »Sturz ins Weltall«. Die Krise mit ihr war der Auslöser für eine Regression auf die Ebene der Grundstörung (Balint 1970).

Die jetzige Krise korrespondiert mit einer traumatische Phase der Kindheit. In seinem zweiten Lebensjahr war die Mutter nach der Geburt der Schwester durch eine postpartale Depression für ihn nicht emotional erreichbar gewesen. In der Therapie zeigte er als erwachsener Mensch ein vollkommenes Unverständnis für sich selbst. Die Einsicht in die mutterbezogenen Übertragungsphantasien in der Beziehung zur Freundin änderte nichts an seinem aufgewühlten Zustand. Als die Vorwürfe verstummt waren, trat an deren Stelle schleichend ein Verstummen und ein Erleben von Einsamkeit, das der Therapeut in der Gegenübertragung als unerträgliche Leere empfand. Der *Neubeginn*, der eine Entwicklung aus der Ebene der Grundstörung heraus einleitete, kam überraschend. Nachdem der Patient dem Therapeuten etwa zwei Jahre lang misstrauisch unterstellt hatte, er sei sicher nicht erreichbar, wenn er ihn brauche, zog er in einer Therapiesitzung unvermittelt sein Handy aus dem Rucksack und fragte, ob er telefonieren dürfe. Völlig überrumpelt stimmte der Therapeut zu. Nun klingelte dessen eigenes Handy, das (vermeintlich abgeschaltet) auf dem Schreibtisch lag. Verstört nahm er das Telefonat entgegen und hörte dort verwundert die Stimme des Patienten: Der Therapeut hatte also offenbar doch verstanden, in welchem schlimmen Zustand er sei. Bis dahin habe er es sich einfach nicht vorstellen können, dass dieser Therapeut wirklich mit ihm eine Verbindung hätte, auch wenn er sich im Weltall befinde.

Die geschilderte Szene kulminierte in einer Begegnungssituation, wie sie von Stern et al. (2012) als »Now Moment« beschrieben wird. Beide begegneten sich außerhalb der bisher üblichen Rollenerwartungen und -zuschreibungen. Nachdem er im Verlauf der Stunde offenbar vergeblich versucht hatte, seinen Therapeuten zu erreichen, konnte der Patient nun ganz körpernah »mit eigenen Augen« die Erfahrung machen, dass dieser »wirklich« erreichbar war. Ein sprachlicher Ausdruck für die erlebte Unerreichbarkeit hatte ihm noch nicht zur Verfügung gestanden, also musste er handeln und mit dem Handy via Satellit auf den noch ferneren Weltraum umschalten, um sein Gegenüber schließlich doch zu erreichen und damit eine neue Erfahrung zu machen. Der Therapeut seinerseits hatte die Sprengung des Settings nicht mit Hinweisen auf die Regeln beantwortet, sondern etwas Ungewöhnliches mit sich machen lassen, nicht ohne bei seiner bisherigen, an Beziehung und Verständnis interessierten Haltung zu bleiben. Die Zeiten, die sein Patient in der Phantasie im Weltraum verbrachte, wurden seitdem allmählich kürzer und die Zeiten auf der Erde länger und lebendiger. (Fallbeispiel aus Dieter 2012.)

»Regressiver Sprachverlust« und heilsame Möglichkeiten der KIP

Mit dem Begriff des regressiven Sprachverlusts ist nicht gemeint, dass ein Patient nicht mehr reden kann. Er redet vielmehr vor dem Hintergrund einer schweren Regression, bis hin zu einer »Körpersprache«, zu psychosomatischen Symptomen oder zu einer »Trivialisierung« des Dialogs. Der regressive Sprachverlust ist Ausdruck einer Störung der Symbolbildung (▶ Kap. 3). Bei fehlendem psychischem Innenraum kommt es zur Beeinträchtigung der Mentalisierung, verbunden mit der Unfähigkeit, eine »dritte Position« einzunehmen und über sich nachzudenken oder mit allen Sinnen »nachzusinnen«. Über sich nachdenken zu können, ist wiederum die Voraussetzung, um »mit der Realität spielen« zu können (Fonagy et al. 2004).

Bei schwerer ich-strukturell gestörten Patienten wurde ein hierfür wesentlicher Reifungsschritt nicht vollzogen, nämlich die Erweiterung der Innenwelt vom dyadischen zum triadischen (triangulären) Erleben. In der KIP fungiert nun *die Imagination als das Dritte*. Sie bleibt auch dann wertvoll, wenn es nicht zu »katathymen« Bildern kommt, sondern unreife Vorstufen der Symbolbildung vorherrschen (J. Dieter 2007). Imaginationen bieten immer die Möglichkeit zur »Beziehungsarbeit« im Hier-und-Jetzt. Das gilt für Erinnerungsbilder ebenso wie für chaotisch ablaufende Imaginationen oder Imaginationen mit affektiven Zuständen von Angst, Langeweile oder Leere. Diese Gefühlstönung dominiert regelhaft auch auf den gemalten Bildern. Der therapeutische Umgang mit solchen Imaginationen, die ihre Heftigkeit und ihre Bedrohlichkeit durch implizites Gedächtnismaterial erhalten, zielt darauf ab, archaische Selbstzustände mit Hilfe einer Spiegelung durch den Therapeuten zu einem affektiv bedeutungsvollen zwischenmenschlichen Geschehen werden zu lassen.

7.1 Neurosen und Persönlichkeitsstörungen

Eine erste Stufe bilden oft »Selbstzustands-Imaginationen« (Dieter 2006), mit denen es möglich wird, das als unerträglich Erlebte mit dem Therapeuten zu teilen. Eine traumatisierte Patientin imaginierte *eine zu Brei zerschmetterte Gestalt, der alle Gliedmaßen abgerissen worden waren*. Sie stellte keine Verbindung zu sich her, wirkte aber völlig starr und hoffnungslos. In einem Gegenübertragungseinfall *erinnerte sich der Therapeut an einen alten Teddybären aus der eigenen Kindheit, dem seine Mutter die von ihrem Kind malträtierten Arme und Beine wieder annähte*. Der Therapeut suchte also in sich selbst, nicht in der Patientin, nach einer Erfahrung von »Wieder-gut-Werden« und »Überleben«. Die hilfreiche erste Stufe des »Verwandlungsprozesses« oder der »Metamorphose« in der KIP besteht demnach darin, dass der Therapeut seine eigenen inneren Objekte mobilisiert, um die Hoffnung für die Patientin auf einer Symbolebene wiederzufinden und mögliche Auswege zu »denken«. »Denken« ist hier gemeint im Sinne der »Alpha-Funktion« bei Bion (1990).

Bei gestörter Mentalisierung ist kein »Nachsinnen« über sich selbst möglich. Die Integration eines Als-ob-Modus mit einem Modus der psychischen Äquivalenz hat nicht stattgefunden. Imaginationen im Modus des »Als ob« erinnern an Winnicotts (1974) Konzept des »Falschen Selbst«, während es im »Äquivalenzmodus« durch die Gleichsetzung von Innen und Außen häufig zum Erleben von Nicht-Gehalten-Werden und zum »Verlorengehen im Weltall« kommt. In solchen Fällen muss der Therapeut als reales Objekt spürbar sein und sich aktiv einbringen. Erst mit dem Erreichen des »Reflexiven Modus« hört das »Fallen« auf.

Material aus dem impliziten Gedächtnis ist grundsätzlich nur zugänglich, wenn es durch Kontextähnlichkeit *prozessual aktiviert* wird (▶ Kap. 3; Salvisberg 2005, S. 26). Die Kontextähnlichkeit ergibt sich in der KIP auf dreierlei Weise: 1. Die Übertragung verknüpft das Frühere mit dem Hier und Jetzt. 2. Die Motivvorgabe enthält Aspekte einer frühen Interaktion. 3. Der Primärprozess ist dem kindlichen Denken und dem bildhaften Denken der Imagination gemeinsam.

Motivvorschläge sind im Rahmen der impliziten Behandlungstechnik *grundsätzlich interaktionell* zu verstehen. In der Motivvorgabe sind immer zwei Faktoren enthalten: Zum einen wird in der Bildersprache der Symbole formuliert, was die anstehende Entwicklungsaufgabe ist, z. B. die Bearbeitung einer Leistungsproblematik mit dem Bergmotiv oder einer Identitätsstörung mit dem Hausmotiv. Zum anderen aber wird eine Beziehungsbotschaft an den Patienten transportiert im Sinne von »Ich ahne, in welchem Zustand du dich befindest, ich fühle mich in dich ein, und ich zeige dir das durch meinen Motivvorschlag«. Wenn die Übertragung als »unbewusstes regressives Nachsinnen über die therapeutische Situation« (Ermann 2005) definiert wird und in jeder Phase einer Imagination regressive Prozesse von Bedeutung sind, können Imagination, Übertragung und Gegenübertragung nicht unabhängig voneinander gedacht werden. Somit wird beim »Verstummen der Symbolsprache« eines Patienten infolge eines regressiven Sprachverlusts die Gegenübertragung zum Dreh- und Angelpunkt der impliziten Behandlungstechnik der KIP.

In der impliziten Behandlungstechnik wird eine Umwandlung prozeduraler in episodische Erfahrungen vorwiegend dadurch möglich, dass der Therapeut seine bildersprachlich codierte Gegenübertragung der nicht-bildhaft und nicht-sprachlich, sondern affektiv-vegetativ codierten Innenwelt des Patienten so lange zur Verfügung stellt, z. B. in Gestalt einer hochspezifischen Motivvorgabe, bis die Fähigkeit zur »Imaginationsarbeit« (Dieter 2006, S. 13) gereift ist. Dieser Begriff ist in Analogie zu Freuds »Traumarbeit« formuliert und setzt eine reife Symbolisierungsfähigkeit voraus. Durch ihre Nachreifung wird es möglich, abgespaltene Introjekte zu integrieren. Bisher Undenkbares kann erstmals gedacht und später als Narrativ weiter verarbeitet werden.

7.2 Psychosomatische Erkrankungen

Eberhard Wilke

Am Beginn der Entwicklung der KIP stand die Beobachtung von H. Leuner, dass sich im Verlauf der Symbolisierung zentrale unbewusste

Konflikte des Patienten ganz unmittelbar darstellten und wie von selbst fokussierten. Sie wurden unter dem Schutz der Symbolisierung erlebbar, auf der Bildebene kommunizierbar und so der Bearbeitung zugänglich. Dieses Behandlungsprinzip erwies sich als wirksam bei neurotischen Störungen, schien aber bei Patienten mit psychosomatischen Erkrankungen nicht ohne Modifikation anwendbar. Bei unmodifizierten psychoanalytischen Therapien waren maligne Regressionen beschrieben worden, auch körperliche Symptomverschlimmerungen. Die meisten dieser Patienten somatisieren ihre Affekte und vermeiden eine emotionale Kommunikation. Das Phänomen der *Alexithymie*, der Unfähigkeit, im »Buch der eigenen Gefühle« zu lesen, wird verstanden als Resultat einer frühen Störung der Mutter-Kind-Interaktion wie auch – später – einer misslingenden Kommunikation zwischen dem Patienten und seinem Therapeuten. Auch der Therapeut ist auf der Suche nach der angemessenen Emotion, er fürchtet ihre Unauffindbarkeit und zugleich ihre potenzielle Heftigkeit (Cremerius 1977). Die Patienten brauchen Nähe und fürchten sie gleichermaßen. Das ist z. B. bei Asthma bronchiale und psychosomatischen Hauterkrankungen therapeutisch bedeutsam. Ein einfühlsamer Therapeut wird im Verlauf eines Suchprozesses bei sich selbst oft genau jenes Gefühl wahrnehmen, welches sein Patient abzuwehren versucht, und das ist bei psychosomatisch Erkrankten oft eine affektive Leere. Alle Emotion jenseits der Körperklage scheint im Symptom gebunden. Wir mussten die KIP für die Behandlung psychosomatischer Erkrankungen um einige Strategien erweitern, ähnlich wie es die Psychoanalyse jener Jahre versuchte.

7.2.1 Erste Erfahrungen mit der Imagination

»Stellen Sie sich eine Situation vor – so bildhaft wie möglich –, in der Sie sich körperlich und seelisch einmal so richtig wohlgefühlt haben, oder versuchen Sie, eine solche Szene in Ihrer Phantasie neu entstehen zu lassen!« So oder so ähnlich könnte eine erste Motivvorgabe formuliert sein. Es könnte auch eine weiche und angenehme »Wiese« vorgegeben werden, was konkreter wäre. Die Motivvorgabe zielt nicht auf die – vielleicht in den Vorgesprächen aufgetauchten – Konflikte des

Patienten, sondern auf seine vorhandenen Ressourcen. Genauer: Welche Imagination ist geeignet, die Fähigkeiten zur Selbstberuhigung und Selbstfürsorge im Patienten zu wecken und zu nutzen? Wenn dies gelingen soll, muss zuvor auf der Gesprächsebene eine vertrauensvolle Beziehung entstanden sein. Hierzu gehört beim Patienten (trotz einer langen Leidensgeschichte) die Hoffnung, dass in der beginnenden Therapie eine Besserung möglich sein wird, und auf Seiten des Therapeuten (auch bei berechtigter prognostischer Skepsis wegen eines bisher schwer beeinflussbaren Krankheitsverlaufs) eine korrespondierende Vorstellung. Aus der gemeinsamen positiven Phantasie – mag sie auch rudimentär sein – konstelliert sich eine Übertragung vom Anlehnungstyp (so genannte »anaklitische« Übertragung). Der Patient entwickelt ein Anlehnungsbedürfnis (Anaklise), welches zu Beginn der Therapie nicht unbedingt mit Vertrauen gleichzusetzen ist.

Bei einer protektiven bzw. supportiven therapeutischen Haltung kommt es regelhaft zu einer psychophysischen Entspannung und zur Wahrnehmung von Affekten, die kommuniziert werden können, fast immer auch zu einer verminderten Belastung durch die körperlichen Symptome. Selbst dann, wenn sich Konflikthaftes symbolisch darstellt, bleibt die Entspannung erhalten. Hier greift der *Schutz des Symbols*: die symbolische Darstellung berührt den Konflikt und hält ihn zugleich auf Distanz.

Die ersten Imaginationen, die der Therapeut anregt und die ein Patient unter seiner Begleitung erlebt, sind bedeutsam für den weiteren Verlauf. Entsteht genügend Schutz, obwohl sich der Therapeut neutral verhält? Weckt seine Persönlichkeit gute oder ungute Erinnerungen? Es ist nicht immer zu vermeiden, dass sich eine negative Übertragungskonstellation entwickelt, doch lässt sich dies im Gespräch auflösen (»Sie erinnern mich doch sehr an meinen Lateinlehrer, mit dem ich überhaupt nicht klargekommen bin.«)

7.2.2 Heilsame narzisstische Regression

Erstes Ziel ist es – jenseits aller hintergründiger Konflikte –, im Patienten die Fähigkeit wachzurufen, sich immer wieder in einen stabilen psychophysischen Entspannungszustand zu versetzen und dafür innere Bilder zur Verfügung zu haben, die aus ihm selbst heraus entstanden sind und die er durch wiederholtes Imaginieren in Besitz nimmt. Klinische Erfahrungen belegen eindrucksvoll, dass genau in dieser Phase der psychischen Abläufe körperliche Entlastungen eintreten (Wilke und Leuner 1990). Schmerz und chronische Muskelspannung lassen nach, der Immunstatus normalisiert sich, die Entzündungsparameter bei einem Colitispatienten bilden sich zurück. Psychisch erlebt der Kranke eine positive, wohltuende Regression in konfliktarme Bereiche des Selbst. Ermöglicht wird dies durch eine therapeutische Haltung, die wir in Anlehnung an Balint (1970) als »bedingungslose, aber nicht grenzenlose mütterliche Akzeptanz« bezeichnen. Die Regression bleibt im Sinne einer »kontrollierten Regression« über die Sprache steuerbar, da der Patient für die Zeit des Imaginierens aufgefordert ist, sein Erleben permanent zu verbalisieren und seinen Therapeuten »ins Bild zu setzen« So ergänzen sich der Primärprozess des bildhaften Erlebens und der Sekundärprozess der sprachlichen Vermittlung.

Eine junge Patientin mit rezidivierender Colitis ulcerosa imaginiert sich *klein und sehr jung in einer Ackerfurche geborgen. Sie spürt den Duft der Erde.* Der Therapeut ermutigt sie, alle Sinneswahrnehmungen zu intensivieren, und es entsteht ein tiefes Gefühl der Geborgenheit in Gegenwart einer Art von Mutter, wie sie der Patientin in der Realität nicht zur Verfügung stand.

Die therapeutische Regression in dieser Imagination führte zu einer Besserung der Symptome und wurde von der Patientin als Neubeginn empfunden. Ähnliche narzisstische Regressionen entstehen beim Ausruhen auf einer sonnigen Wiese, beim Trinken des Wassers aus einer Quelle, als Verschmelzungsphantasie bei der Berührung mit Wasser. Da sich dabei anhaltende klinische Besserungen ergeben, ist die Hypothese berechtigt, dass sich durch wiederholtes Imaginieren konfliktfreier und bedürfnisbefriedigender katathymer Bilder innerhalb einer »anaklitischen« Übertragung Entwicklungsdefizite kompensieren lassen. Das Therapeutenverhalten ist protektiv, stützende averbale Signale sind hilfreich. Regelmäßigkeit und Wiederholung solcher imaginativer Abläufe führen zu einem Zuwachs von

Autonomie, die Abhängigkeit von der Realpräsenz des Therapeuten nimmt ab.

7.2.3 Befriedigung archaischer Bedürfnisse

Wir sehen in solchen Imaginationen weniger den Aspekt der Konfliktabwehr als vielmehr den Versuch, symbolhaften Kontakt zu guten Primärobjekten zu finden, um basale Mangelzustände auszugleichen. In der sich vertiefenden Entspannung werden die Imaginationen klarer und vor allem emotional reicher. Es beginnt ein sich verstärkender Kreisprozess mit plastischer werdenden Bildern, die affektiv reicher werden und über die Therapiestunde hinaus fortwirken. Sie sind von der Gegenwart des Therapeuten abhängig. Wir verstehen sie als Handlungs- und Erlebnisvollzüge in Gegenwart der Mutter (Sachsse und Wilke 1987). Die Imaginationen können auch die Funktion eines »tröstenden Raumes« bekommen, wenn die Realität, z. B. bei chronischem Schmerz, zu belastend wird.

7.2.4 Progression

Der langfristige Krankheitsverlauf hängt davon ab, ob es gelingt, eine Reifung aus der therapeutischen Symbiose heraus zu vollziehen. Das bedeutet, dass Affekte weniger als diffuse Körperspannungen wahrgenommen werden, sondern sich wandeln in psychische Wahrnehmungen, die mit anderen Menschen teilbar sind und die sich im Verlauf des Dialogs verändern. In der Anregung des Therapeuten zu imaginieren ist per se eine Aufforderung zu Handlung und Entwicklung – also zu Progression – enthalten, er bleibt aber auch Hüter der Fähigkeit zur Selbstentspannung und Selbstberuhigung, die sein Patient in der therapeutischen Beziehung erlangt hat. So formt sich eine Entwicklungslinie, die zwischen regressiv-symbiotischen und progressiv-konfliktzentrierten Einstellungen fluktuiert.

7.2.5 Aggressive Impulse

Angst vor Verlust und Liebesentzug führen oft dazu, dass aggressive Impulse nicht gelebt bzw. vom Bewusstsein ferngehalten werden. Ähnlich wie bei einer depressiven Psychodynamik führt diese Angst dazu, dass sich solche Impulse im Sinne einer Autoaggression gegen das Selbst bzw. den eigenen Körper wenden. Progression und vitale Entwicklung erfordern aber eine aggressive Abgrenzung von primären Objekten. Die KIP bietet Möglichkeiten für die Entwicklung der Fähigkeit, sich aggressiv zu fühlen und zu äußern, zunächst auf der Bildebene und unter dem Schutz des Therapeuten. Aggressive Impulse werden an imaginierten Objekten spürbar, ohne dass sie den bis dahin »überwiegend guten und schützenden« Therapeuten unmittelbar treffen müssen. Wenn im Verlauf negative Übertragungsmomente auftauchen – oft im Kontext kleinerer Frustrationen –, kann dies im Patienten starke Angst auslösen, hinter der sich Zorn auf das bis dahin idealisierte und nunmehr frustrierende gute Objekt verbirgt. Dies ist besonders relevant, wenn sich ein psychosomatisch Kranker in seiner fragilen Körperlichkeit vom »guten Arzt« abhängig fühlt, der zugleich sein Therapeut ist.

> Ein 21-jähriger Student mit schwerer Colitis ulcerosa, dem es in der 3. Woche seines stationären Aufenthaltes deutlich besser geht, erfährt in der 8. Sitzung von seinem Arzt/ Therapeuten, dass dieser in vier Wochen mit seiner Familie in Urlaub gehen wird. Das Resultat ist schlagartige Entidealisierung, stummer Zorn bei scheinbarem Verständnis (»Sie müssen ja auch mal raus hier«) und eine massive Wiederkehr der Symptome noch am selben Abend. Die nächste Sitzung gestaltet sich schwierig, enthält aber einen Bericht über Enttäuschungen mit Mitschülern, besonders kränkend auf dem Fußballplatz. Der Therapeut schlägt vor, sich imaginativ »in Alter und Ort zurückzuversetzen«. *Zum Erstaunen des Patienten verwandeln sich die Mitschüler in Zwerge, zunächst noch mit Gesichtern, bald aber stereotyp »wie aus der chinesischen Fabrik«, schließlich in Gartenzwerge. Er sammelt sie ein und stellt sie am Rand des Spielfeldes hinter das gegnerische Tor.* – Es geht ihm besser, er hat sym-

bolisch Macht und Kontrolle über Objekte seines Zorns zurückgewonnen, narzisstische Bedürfnisse befriedigt. Kommentar und Deutung haben Zeit.

Die *imaginierte Auseinandersetzung mit bösen Objekten* unter dem Schutz des Therapeuten stellt einen wichtigen Zwischenschritt in der Behandlung aggressionsgehemmter oder real autoaggressiv agierender Patienten dar. Die Bearbeitung der negativen Übertragung zum Therapeuten erfolgt in der Psychosomatik meist erst dann, wenn der Patient erfahren hat, dass Aggression nicht zwangsläufig mit dem Verlust des geliebten Objekts verbunden ist.

7.2.6 Symptom und Symbol

Körperliche Symptome haben aus psychosomatischer Perspektive ein Doppelgesicht: Einerseits sind sie Ausdruck der Überforderung psychischer Regulationsmöglichkeiten, verweisen auf ungelöste, oft unbewusste Konflikte, entziehen sich dabei – obgleich oft von eindrücklicher Symbolik – einem leicht zugänglichen Symbolverständnis. Andererseits stellen sie Ich-Leistungen dar, die ein neues Gleichgewicht auf einem reduzierten Funktionsniveau ermöglichen. Sie dienen so einer vorläufigen psychischen Sicherung des Selbst. Ähnlich wie das Symbol drängen sie im therapeutischen Prozess auf Wandlung. Die Psychotherapie eines körperlich Kranken zielt deshalb nicht nur auf Symptomreduktion, sondern zunächst darauf, das Symptom als Botschaft aus dem Körper zu verstehen. Hierbei können Imaginationen im Rahmen einer KIP eine Brücke schlagen, weil sich in der Symbolik nicht nur die Symptomatik abbildet, sondern auch die unbewusste Konfliktkonstellation.

Ein 44-jähriger Patient mit chronischer Polyarthritis und vielfachen, schmerzhaften Bewegungseinschränkungen *imaginiert eine Wüste und an ihrem Horizont eine hoch aufragende Mauer, hinter der er aufgestautes Wasser vermutet.* »*Das ist eine Staumauer, hinter der ist ganz viel Wasser, altes Wasser, da liegt ein ungeheurer Druck drauf.*« (Die Körperspannung des Patienten nimmt zu und überträgt sich auf den Therapeuten.) »*Da dringt jetzt Wasser durch die Steine, das ist nur eine Backsteinmauer!*« (»*Können Sie sich vielleicht an der Seite in Sicherheit bringen?*«) *Der Patient findet eine Treppe zum oberen Niveau der Mauer, die in dem Moment unter der Last des Wassers zerbirst, als er den riesigen See hinter ihr überblicken kann. Langsam füllt sich die Wüste unterhalb. Der Tagträumende wird von Traurigkeit ergriffen, die schließlich in Erleichterung übergeht.*

Erstaunlich rasch gab der Patient dem Tagtraum eine Bedeutung: »Ist ja klar, dass mir alles wehtut, wenn so eine Mauer in mir ist und soviel Druck. Irgendwie spüre ich das schon lange, aber es war nicht konkret. So eine Traurigkeit kenne ich schon lange nicht mehr, ich fühle mich entspannter jetzt. Irgendwie passt der Tagtraum auch zu meiner beruflichen Situation und meiner Angst, dass mir da alles entgleitet und zerbricht.« Die Symbolisierung erfasst verschiedene Dimensionen seiner Existenz, die körperliche, die soziale, die biographische (altes Wasser) und auch die psychische (in Form der wiedergefundenen Emotionalität). Das Evidenzerleben dieser Symbolisierung ermöglichte es dem Patienten, sich wieder in einer Ganzheitlichkeit zu spüren, die ihm mit dem Entstehen der körperlichen Krankheit abhanden zu kommen drohte.

7.2.7 Die Imagination als Übersetzungshilfe vom körperlichen zum sprachlichen Ausdruck

Das Symbol verbindet das Körpersymptom und den psychosozialen Konflikt in kreativer Weise. Der Patient erschafft etwas Neues und spürt das auch. Über die Imagination erzählt er einem Vertrauten eine Geschichte, die ihn manchmal selbst überrascht. Er berichtet, wird nach Gefühlen gefragt, einer bis dahin eher fremden Dimension. Nun ist eine Imagination sprachlich nur teilweise erfassbar, der Imaginierende beschreibt die Oberfläche eines vielschichtigen, weit in den präverbalen Bereich hinabreichenden Erlebnisprozesses. Eine leicht bewegte Oberfläche kann auf heftige Verwirbelungen in der Tiefe hinweisen, die spürbar, aber vielleicht noch nicht beschreibbar sind.

Hier ist der Therapeut auf nonverbale Signale angewiesen, auf Körpersprache, Mimik, Stimmfärbung und vegetative Zeichen. Er wird – besonders in Sprechpausen – bei sich jenes Körpergefühl und jene Stimmung wahrnehmen, die beim Patienten latent vorhanden bzw. abgewehrt ist, kann sie (zumindest ansatzweise) in Worte fassen und so dem Patienten bei der sprachlichen Codierung helfen. Dies ähnelt einer Kind-Mutter-Szene. Das Kleinkind hat einen sprachlosen Affekt, die Mutter findet Worte, die klären, entlasten und beruhigen können, verbunden mit kleinen Entwicklungsschritten. Das Erleben der Imagination und das angemessene Beschreiben sind in der KIP sich gegenseitig fördernde Elemente einer Entwicklungsspirale, die sowohl den Primärprozess als auch den Sekundärprozess nutzt.

7.2.8 Das Motiv der Inspektion des Körperinneren

Bei genauer Betrachtung der Symptomatik eines Kranken zeigt sich oft, dass die Reaktion seines Körpers eben das ausdrückt, was (noch) nicht gesagt werden kann. So kann ein Asthmaanfall den Gesprächsfaden zerreißen, wenn die emotionale Spannung anwächst und »stumm« bleibt. Der Versuch, körperliche Symptome in die Imagination einzubeziehen und eine Verbindung mit der Psychodynamik herzustellen, hat zum Motiv »Inspektion des Körperinneren« geführt. Der Patient wird aufgefordert, sich vorzustellen, ganz klein zu werden und durch eine bestehende Körperöffnung oder auch durch eine Pore in der Haut in das Innere seines Körpers zu gelangen, um sich dort auf eine Entdeckungsreise zu begeben. Das Motiv fördert Konfrontation und erfordert eine stabile Arbeitsbeziehung. Nicht selten erblicken Patienten ihre narzisstische »Wunde«.

> Eine 25-jährige Colitispatientin begibt sich *durch Mund und Magen auf den Weg zu ihrem Darm. Der Weg ist verschlossen durch eine rote Feuertür.* »*Dahinter ist die Krankheit, die macht, was sie will, ich habe keinerlei Einfluss darauf, bin völlig machtlos.* (Der Therapeut regt einen Wechsel der Perspektive an: »*Können Sie den Darm vielleicht von außen sehen, ohne den Körper zu verlassen?*«) Die

> *Tagträumerin findet sich schließlich am Boden ihrer Bauchhöhle auf einer Art weichem Boden, den sie nach einiger Zeit als »Waldboden« bezeichnet. Der Darm ist über ihr. »Er leidet, er ist viel zu heiß.« (»Können Sie irgendetwas für ihn tun?«) »Ich könnte ihn mit den Blättern umwickeln, die hier am Boden liegen, das könnte ihn abkühlen.« Sie formt ganz langsam einen Verband aus den Blättern vom Waldboden, befestigt ihn mit dünnen Zweigen, »so wie Vögel ihr Nest bauen«. Sie findet Humus, den sie als »Heilerde«, bezeichnet und beendet ganz zufrieden ihren Tagtraum, in dem sie zunehmend autonom agiert hat.* – »Es ist, wie wenn ich jemanden pflege, der mir bis dahin fremd war und der mich bedrohte.« – In dieser Sequenz wird deutlich, wie die Arbeit auf der imaginativen Ebene der Patientin hilft, ihre narzisstische Wunde zu betrachten und fürsorglich zu sich selbst zu sein. Sie hatte sich bis dahin in völliger Abhängigkeit von Krankheit und Ärzten erlebt.

Das Motiv der Inspektion des Körperinneren ermöglicht manchmal das unmittelbare Wiedererleben pathogener Konflikte.

> Ein 49-jähriger Patient mit Asthma bronchiale imaginiert *seine Lunge. Er gelangt als Däumling durch Nase und Atemwege in eine dunkle Höhle. Diese weitet sich zu einer großen Halle, dann zu einem Kirchenschiff. »Mein Brustkorb ist jetzt von innen wie eine Kathedrale«. Es ist kalt dort, er verspürt einen eisigen Luftzug, die Atmung wird schwer. Schließlich liegt er als frierender Winzling auf kaltem Stein und schaut in das weit entfernte gotische Gewölbe hoch.* (Der Therapeut regt an, auf Einzelheiten zu achten.) *Es entsteht eine Frauenbrust im Gewölbe, vielversprechend und rosig, »aber sie verweigert sich und gibt keine Milch.« In diesem Moment verschwindet die Atembeklemmung und macht einer tiefen Traurigkeit Platz.* Der Patient beginnt zu schluchzen und kann sich erst nach Minuten wieder fassen. – Er berichtet später, es sei eine Marienkirche gewesen und er habe Maria und seine Mutter in einer Gestalt erlebt. Sie sei eine depressive, frömmelnde Frau gewesen, der Vater Pfarrer. Er selbst habe früh die Bedürftigkeit der Mutter wahrgenommen und sich sehr um sie gesorgt.

> Nach dieser Imagination war der Patient fast frei von Atemstörungen, aber depressiver.

Das Motiv »Inspektion des Körperinneren« fördert die Fähigkeit des Patienten, seinen Körper sinnlich und taktil zu erfahren. Dies ist u. a. bei Störungen der sexuellen Erlebnisfähigkeit (Roth 1982,1984) und bei Schmerzen (▶ Kap. 7.3) bedeutsam.

7.2.9 Zum Therapeutenverhalten und zur Motivwahl

Am Anfang einer Therapie versucht der Therapeut, supportiv zu sein, ohne direktiv zu werden. Erstes Ziel bei körperlichen Erkrankungen ist es, den eigenen Körper (auch) als Ort des Wohlbehagens empfinden zu können. Hier lässt sich manchmal an Erlebnisse vor der Erkrankung anknüpfen. Als Motive eignen sich neben der zu Beginn beschriebenen Wohlfühlszene die Grundstufenmotive, bei fortgeschrittener Therapie auch stärker zur Konfrontation anregende Motive, die dann ein fokussierenderes Therapeutenverhalten erfordern. Wenn sich Körpererleben und Körperrepräsentanz symbolisieren, wird der Therapeut auf genaue Beobachtung drängen und versuchen, somatisierte Affekte in ihrer emotionalen Dimension fühlbar werden zu lassen, auch indem er eigene Gefühle verbalisiert und sich so als Modell anbietet.

Erwähnt sei noch das Motiv »Wolke«. Es hat sich bei psychosomatischen Hauterkrankungen und beim Asthma bronchiale bewährt. Der Therapeut regt an, eine Wolke zu imaginieren und sich in einem weiteren Schritt mit ihr zu identifizieren (»Versuchen Sie jetzt, sich mit der Wolke zu identifizieren, die Wolke zu sein!«). Das Motiv lässt Grenzen, auch Körpergrenzen unscharf werden, es regt an zur Wandlung.

7.2.10 Indikationen, Grenzen und Kontraindikationen

Gute Behandlungsergebnisse sind dokumentiert bei psychosomatischen Organerkrankungen wie Colitis ulcerosa und Morbus Crohn, bei Asthma bronchiale, bei psychosomatischen Hauterkrankungen, bei psychovegetativen Störungen, bei Somatisierungsstörungen und

Schmerzen (▶ Kap. 7.3), in der Psychoonkologie (▶ Kap. 7.4), bei der Herzangstneurose, bei Magersucht und Bulimie. Wie jedes therapeutische Verfahren stößt die KIP in der Psychosomatik an Grenzen, die u. a. in der Motivation, der Introspektionsfähigkeit und der Belastbarkeit des Patienten begründet sind. Die Grenze der Behandlungsmöglichkeit ist darüber hinaus eine Funktion der Beziehung zwischen Patient, Erkrankung und Therapeut. Sie wird früh erreicht, wenn beim Patienten noch ein somatisches Krankheitsmodell vorherrscht und wenn die Kommunikation noch störbar oder die anaklitische Übertragung noch brüchig ist. Eine schwere Symptomatik schränkt die Indikation zum Imaginieren nicht ein. Schwierig kann eine starke Idealisierung des Therapeuten und seiner Behandlungsmethode sein, vor allem, wenn sie mit einer Entwertung der Außenwelt einhergeht. In der KIP erlebt sich der imaginierende psychosomatisch Kranke in einem schöpferischen Prozess, als kreativ, einer inneren Verfasstheit, die ihm im Verlauf langer körperlicher Krankheit fremd geworden ist. Die Fähigkeit des Ichs zur Selbstbeobachtung und zur therapeutischen Ich-Spaltung wird verbessert, das Identitätsgefühl stabilisiert sich. Rückschläge sind durch die Chronizität der Erkrankung und durch die Eigendynamik bestehender körperlicher Prozesse immer wieder zu erwarten. Die Arbeit erfordert daher viel Geduld, ist aber – wenn sie gelingt – umso befriedigender.

7.3 Somatoforme Schmerzstörungen und chronische Schmerzerkrankungen

Kornelia Gees

Die Anwendung der KIP bei Patienten, die unter einer somatoformen oder einer chronischen Schmerzerkrankung leiden, bietet in besonderer Weise die Möglichkeit, auch dann therapeutisch zu arbeiten, wenn es neben der Schmerzsymptomatik kein weiteres psychotherapeutisches

Anliegen gibt. Vieles, was der Patient zu Beginn der Therapie ausschließlich über den Schmerz erleben kann, ist dem gesprochenen Wort nicht zugänglich. An die Stelle von sprachlichen Mitteilungen über innerpsychische Affekte und Phantasien tritt das körperliche Erleben, das jedoch in Form der begleiteten Imagination einen ersten symbolischen Ausdruck finden kann.

7.3.1 Zur Ätiologie

Rudolf (2006) geht in seinen psychodynamischen Überlegungen zur Ätiologie der somatoformen Schmerzstörung von einem Zusammenwirken struktureller und konflikthafter Einflüsse aus. Zentrale Konfliktkonstellationen sind Versorgungs- und Selbstwertkonflikte, deren Spannungsausgleich durch intensives Leistungsverhalten und Fürsorge für Andere gesucht wird. Mentalisierungsdefizite (Fonagy et al. 2004) führen dazu, dass die betroffenen Patienten Affektäquivalente in Form körpernaher Missempfindungen wahrnehmen und diese alsbald als Zeichen einer Krankheit lesen. Viele »Schmerzpatienten« haben kaum Zugang zu eigenen Bedürfnissen und verfügen wenig über selbstfürsorgliche Repräsentanzen. Belastende Lebensereignisse (besonders in der frühen Biographie) schwächen dauerhaft die Fähigkeit zur »endogenen« Schmerzlinderung durch eine Art von körpereigener Anästhesie, die in Form absteigender Schmerzbahnen im Organismus angelegt ist. Alltägliche Bewegungen und Berührungen werden dann schmerzhaft erlebt. Durch einen lang empfundenen Schmerz entsteht über die Neuroplastizität des Gehirns ein so genanntes »Schmerzgedächtnis«.

7.3.2 Zur Therapie

Um Körperschmerz nicht unmittelbar als Hinweis auf eine Verletzung oder auf eine Funktionsstörung zu lesen, sollte zu Beginn der KIP ein bio-psycho-soziales Schmerzmodell vermittelt werden. Indem die Wirkung psychischer und sozialer Einflüsse auf das Erleben von Schmerz aufgezeigt wird, kann eine erste Neubewertung stattfinden. Dabei sollte auch das bisherige Schmerzmodell des Patienten ausführlich erfragt werden, gerade dann, wenn er nicht mehr darüber spricht. Die dauerhafte Überzeugung von einer Körperschädigung, die in Form von Bildern und Vorstellungen sensorisch wirksam wird, trägt zur Aufrechterhaltung des Schmerzgeschehens bei. Der Fokus der KIP in der Arbeit mit dieser Art von Patient setzt betont an der Schwelle zwischen dem körperlichen und dem mentalen Erleben an. Ein anhaltender Schmerz vereinnahmt die Bühne des Bewusstseins zumeist so vollständig, dass die therapeutisch begleitete Einflussnahme auf die Steuerung der Aufmerksamkeit zu einer ersten zentralen Erfahrung im katathym imaginativen Behandlungsprozess wird. Hier unterscheidet sich das therapeutische Setting der KIP deutlich von dem Setting einer somatischen Schmerzbehandlung, wo die Aktivität des Arztes vorrangig zur Linderung des Schmerzes führen soll. Die Imagination des Patienten ist ein *aktiver* Teil in der Behandlung, die ihm im Verlauf des Prozesses Eigenverantwortung zurückgeben kann. Dieses Merkmal der therapeutischen Arbeit ist – kombiniert mit der Psychoedukation – nachweislich ein erster wirksamer Schritt zur Veränderung der Hilflosigkeit und der somatischen Fixierung eines Schmerzpatienten. Indem dieser die Aufmerksamkeit auf die sensorische Spur zwischen dem somatischen und dem mentalen Erleben legt und dabei anhand einer abgestimmten Motivvorgabe Bilder und Szenen auftauchen lässt, kommt es zu einer Metamorphose des affektiven wie des somatischen Selbsterlebens. Auch wenn wir von »Bildern« einer Imagination sprechen, so sind es doch eher *synästhetische Szenen*, die im Verlauf der Therapie zu einem erweiterten Verständnis des Schmerzgeschehens und des Selbsterlebens führen.

Das bewusste Einnehmen einer feinfühlig begleitenden therapeutischen Haltung schafft eine Art von Resonanzraum und zudem einen gewissen Abstand gegenüber dem Schmerz, der in seiner sozialen Funktion sonst zum raschen Handeln und Helfen auffordert. Dieser appellative Aspekt des Schmerzes führt nicht selten zu therapeutischem Aktionismus und komplementär zu einem maladaptiven, passiv-rezeptiven Patientenverhalten. Beides erschwert den Aufbau eines Übergangsraums, indem sich die wenig vertraute Selbstzuwendung des Patienten und ein erweitertes Schmerzverstehen entwickeln können. Solange der Patient unter Schmerzen leidet, kann die Einleitung der

Imaginationssequenz etwas variiert werden. Die Aufforderung, sich tief zu entspannen oder die Aufmerksamkeit auf angenehme Körperempfindungen zu legen, wird zu Beginn der Therapie als Überforderung erlebt. Hier ist es hilfreich, die zur Imagination hinführende Entspannungsphase durch die einfache Aufforderung zu ersetzen, sich auf das körperliche Erleben und im Besonderen auf die Atmung zu konzentrieren. Die Imagination bietet nun die Möglichkeit zum veränderten Ausdruck der reduzierten Organsprache. Das szenische Erleben in der KIP erlaubt sowohl Affekte des Patienten als auch Konflikte, die im Symptom gebunden zu sein scheinen, neu und anders zu lesen. Dabei sollte der Therapeut sein Augenmerk auch auf die eigene sensorische Spur legen – beim Senden wie beim Empfangen von Bildern und Körpersignalen.

Im Theoriemodell der Mentalisierung (Fonagy et al. 2004) nimmt die Mutter Spannungszustände ihres Kindes im Sinne des feinfühligen Wahrnehmens auf, setzt einen positiven Akzent der Veränderung und bietet dem Kind diese veränderte Repräsentation im Sinne der »markierten Spiegelung« wieder an. Vergleichbares geschieht auch in der Begleitung einer Imagination, bei welcher der Therapeut das Erlebte aufnimmt und leicht akzentuiert an den Patienten zurückgibt – mit dem Ziel, das rein somatische Erleben um die mentale Spur zu erweitern.

> Herr K. ist 42 Jahre alt und kommt mit einem schwer chronifizierten Rückenschmerz in die therapeutische Praxis. Der Schmerz begann vor 7 Jahren und wurde unter der Diagnose Lumboischialgie bei Bandscheibenvorwölbung behandelt. Damals erlebte Herr K. massive Partnerschaftskonflikte. Heute hat er eine Familie mit seiner damaligen Freundin, und nach eigenen Angaben lebt er jetzt all das, was er sich damals gewünscht hat. Der Patient ist aktuell noch von einer organischen Ursache des Schmerzes überzeugt. Er wünscht sich weitere invasive Untersuchungen und einen chirurgischen Eingriff, wofür es von medizinischer Seite keine Indikation gibt. In der Gegenübertragung erlebt die Therapeutin ihren Patienten als selbstentwertend, unscheinbar und bereit zur Idealisierung seines Gegenübers.

7.3 Somatoforme Schmerzstörungen und chronische Schmerzerkrankungen

Herr K. sitzt vor dem Beginn des ersten begleiteten Tagtraums angespannt und erschöpft im Sessel. Er nimmt die spezielle Anleitung zur Aufmerksamkeitsteuerung auf, um sich – von einem tiefen Atemzug begleitet – dem inneren Erleben zuzuwenden. Die Therapeutin bittet ihren Patienten, sich eine »Blume« vorzustellen. *Gleich zu Beginn der Imagination laufen Tränen über seine Wangen und die Muskulatur löst sich. In seinem visuellen Erleben taucht eine große orangefarbene Blüte auf, deren Namen er nicht kennt. Sie füllt das ganze Bild aus und er empfindet »so etwas wie Liebe«. Ein Stiel der Blüte und eine Umgebung sind nicht auszumachen. Nach einer Weile bricht das Bild ab und alles ist grau. Beim Versuch, an das Erlebte anzuknüpfen, stellt sich ein Bild von »krüppeligem Gras« ein und die atmosphärische Spannung nimmt spürbar zu. Der Patient empfindet verstärkt Schmerzen, welche mit einer körperlichen Anspannung einhergehen. (Die Therapeutin spiegelt das Erlebte mit einer ruhigen Akzentuierung, begleitet den Patienten auf diese Weise im Bilderleben und bittet ihn nach einer Weile, den Tagtraum ausklingen zu lassen, um sich wieder im Raum zu orientieren.)*

Zur folgenden Stunde bringt Herr K. eine mit Bleistift gezeichnete Skizze mit. Die üppige Blüte und das krüppelige Gras stehen unverbunden nebeneinander. Nach der »Übung« sei ihm aufgefallen, dass er sich selbst auf den Schmerz reduziert hatte. Das sieht er im Zusammenhang mit den durch die Schmerzen bedingten Einschränkungen seiner Aktivitäten. Er komme sich aktuell wie ein »krüppeliger Schwachmat« vor.

Der Imaginationsprozess ist neben den auftauchenden visuellen Bildern immer auch durch vegetative Parameter wie Atmung, Muskeltonus und Pulsfrequenz gekennzeichnet. Aspekte wie Flüchtigkeit oder Starre des Bilderlebens sind in diesem Sinne ebenso ergiebig für das symbolische Verstehen wie das, was im Bild auftaucht. In einer Art von triadischem Raum zwischen der Übertragungsbeziehung und dem Tagtraum kommt es allmählich zur Symbolisierung des Körperschmerzes. Dies erlaubt nun eine weitere therapeutische Thematisierung des Erlebten und der begleitenden Affekte. So bekommt der Patient Gelegenheit, seine Haltung – auch dem Schmerzerleben gegenüber – zu reflektieren und im Übergangsraum der Imagination andere Lesarten des Schmerzes zu entwickeln. Das Behandlungsziel ist hier nicht in erster Linie, den Schmerz über die Imagination auszuschalten, sondern über die Exploration ein erweitertes Schmerzverständnis zu entwickeln, um dadurch eine Verbesserung der Selbstfürsorge zu erreichen. Das Leiden am Schmerz nimmt ab, und das Gefühl der Selbstwirksamkeit nimmt zu. Wenn man den Schmerz als eine Wirkung der gegenwärtigen somatopsychischen Gegebenheiten betrachten und ihn in diesem Sinne als körperlichen Vorläufer der Repräsentanzenbildung verstehen kann, ist das hilfreich für den Aufbau des therapeutischen Bündnisses. Denn so geraten wir nicht in die therapeutische Sackgasse der Auffassung, anzunehmen, unser Patient müsse nur »zugeben«, dass hinter der körperlichen Symptomatik eine psychische Ursache liegt.

> Herr K. entwickelte im Verlauf der Imaginationsarbeit den Wunsch, seinem Schmerz nicht mehr nur mit Angst und Schutzbedürfnis zu begegnen. Mit dem Motiv »Eine Stelle im Körper, die sich neutral anfühlt« wurde eine veränderte Besetzung des Körperselbst eingeleitet, die sich vom Schmerz ablöst. Der Patient suchte Veränderung nun nicht mehr ausschließlich durch medizinische Behandlungen, sondern über die Imagination hinaus in körperlicher Bewegung und in Entspannungsübungen – offenbar im Bemühen um ein anderes Körpererleben und mehr Selbstwirksamkeit. Über die Motivvorgabe »Ein Tier, dem es so geht wie Ihnen selbst« zeigte sich bei diesem Patienten in anschaulicher Weise der Komplex der Hilf- und Hoffnungslosigkeit, den Engel und Schmale (1969) zur Ätiologie einer Schmerzerkrankung anführen. In dieser Imagination erschien *in einer Herde ein gebrechliches Pferd, das sich an einem Leittier orientiert, ohne von diesem wahrgenommen zu werden.* – Im Verlauf des Tagtraums erlebte der Patient über die Verfremdung, die eine solche Motivvorgabe erlaubt, eine Identifikation mit dem Tiersymbol, aber auch ausreichend Distanz, um weiterführende Impulse wahrnehmen zu können. Auf Nachfragen zum Pferdebild kam die rasche Antwort: »Das Pferd sollte nicht immer nur nach den Anderen schauen.«

Zum weiteren Aufbau selbstfürsorglicher und beruhigender Repräsentanzen bewährt sich z. B. die Motivvorgabe »Ein Schutzmantel, der Blicke und Einflüsse dosiert«. Aber auch vom Patienten ins Gespräch gebrachte Sprachbilder können zur Bildung innerpsychischer Repräsentanzen beitragen. Im Sinne der Mind-Body-Medizin ist die therapeutische Arbeit mit der KIP dazu geeignet, das Schmerzverständnis zu erweitern und eine Form von aktiver Selbstzuwendung einzuleiten, die dem Nachreifen der Fähigkeiten zur Mentalisierung und Symbolisierung dient.

7.4 Psychoonkologie

Barbara Hauler

Die Konfrontation mit der Diagnose einer Krebserkrankung stellt ein zutiefst erschütterndes Lebensereignis dar. In jeder Phase der Erkrankung kann es zu krisenhaften Zuspitzungen oder zur Entwicklung einer psychischen Komorbidität, zu depressiven Verstimmungen, Angst oder Symptomen einer posttraumatischen Belastungsstörung kommen, die einer psychotherapeutischen Behandlung bedürfen.

In der Anfangsphase geht es zunächst um Stressreduktion, Stabilisierung des Selbst, Ressourcen-Suche und Stärkung von Kompetenzen. Erste psychoonkologische Interventionen sollten insbesondere auf Gefühle von Hilflosigkeit und Hoffnungslosigkeit ausgerichtet werden. Im weiteren Verlauf liegt der Fokus auf der Auseinandersetzung mit den häufig als unerträglich empfundenen Gefühlen, die mit der Krankheit verbunden sind, und auf der Verarbeitung des Verlusts von körperlicher Integrität. Dabei entfaltet der Prozess der Symbolisierung eine schützende und stärkende Wirkung, wenn Hoffnung und Verzweiflung in ein- und demselben Symbol sichtbar werden. Weitere Behandlungsziele sind der Erhalt von Autonomie und Würde und das Eröffnen neuer Perspektiven, auch wenn die Lebenserwartung in Frage gestellt erscheint. Das methodische Repertoire der KIP ist geeignet, zur

Krankheitsverarbeitung wie zur Heilung des Selbst beizutragen. Eibach (2010) kommt das Verdienst zu, auf den besonderen Stellenwert von Imaginationen in der Psychoonkologie aufmerksam gemacht zu haben.

7.4.1 Stabilisierung

Der Zeitpunkt, an dem die autonomen Bewältigungsstrategien eines Patienten an Grenzen stoßen, kann individuell sehr unterschiedlich sein.

> Bei Rita, einer 62-jährigen Patientin mit metastasierendem Brustkrebs, war es nicht – wie häufig – die Erstdiagnose, sondern die Progression ihrer seit mehr als 10 Jahren bestehenden Erkrankung, die eine Krise mit massivem Stresserleben und dem Gefühl von Ausgeliefertsein auslöste. Rita wurde zunächst das Motiv »Ein Ort, an dem Sie sich als die Person von heute wohl und geborgen fühlen« vorgeschlagen. *Sie lehnt sich an einen alten Baum mit mächtiger Krone und kräftigen Wurzeln, kann die Ruhe und die Kraft des Baumes spüren und sich mit diesem Baum selbst wie verwurzelt fühlen. Es wird Frühling, und Rita schlägt einen Purzelbaum.* Dieses hoffnungsvolle Bild begleitete die Patientin während der gesamten Therapie. Es wurde zunehmend für sie erkennbar, dass der Baum ihr eigenes Selbst, Lebenskraft und Sicherheit symbolisierte. Beim Malen des Bildes wandelte sich der Baum: Er begann zu blühen. Ein Eisvogel und ein Eichhörnchen fanden in einer Höhle Wohnung. Die Patientin sagte: »Es ist, wie wenn meine Seele wieder in den Baum eingekehrt ist.«

Die Erweiterung des Motivs »Sicherer Ort« durch den Zusatz »als die Person von heute« soll dazu anregen, eine Ressource im Hier und Jetzt aufzusuchen. Da die Bedrohung durch die Krebserkrankung aus dem Inneren des Betroffenen stammt, kann der Kontakt mit ihr nicht unterbunden werden. Zum Einsatz kommen jedoch auch die bekannten Motive zur Stabilisierung, zum narzisstischen Auftanken und zur Mobilisierung der Selbstheilungskräfte, die sich bei der Behandlung von traumatisierten und psychosomatischen Patienten bewährt haben

(»geschützter Ort«, »Baum«, »Quelle mit heilendem Wasser«, »innere Helfer« u. a. m.). Die Betrachtung des »Lebenswegs« kann in Erinnerung rufen, wer oder was in schwierigen Situationen geholfen hat, eine Herausforderung zu meistern oder einen Schicksalsschlag zu bewältigen.

7.4.2 Auseinandersetzung mit der Erkrankung

Ganz wesentlich für die Bewältigung einer Krebserkrankung ist das Klären und Bearbeiten der *Krankheitstheorie*, der Bedeutung der Krankheit für die Betroffenen und ihre Sichtweise, wie es zur Krebserkrankung gekommen ist.

Als sich Rita die Vorstellung aufdrängte, ein Mann bedrohe ihren Baum mit der Motorsäge, wurde diese Szene auf ihren Wunsch hin in einer Imagination eingestellt. *Der Mann erweist sich als ihr Vater, der ihren Baum zurechtstutzen will, davon jedoch ablässt, nachdem es zur Kontaktaufnahme gekommen ist. Der Baum befindet sich in einem engen Burghof, beginnt zu wachsen und zu blühen und ragt schließlich weit über die Mauern hinaus.* In dieser Imagination wurden verschiedene Aspekte sichtbar: die aktuelle Situation (der »bedrohte Baum«), prägende Beziehungserfahrungen (Vater) und Aspekte der therapeutischen Beziehung in Form von mutativen Elementen (Wachstum und Blühen des Baums). Die deutlich spürbaren Aggressionen Ritas richteten sich einerseits auf die Eltern, die ihren Entwicklungsspielraum eingeengt hatten, betrafen aber auch die bösartige Erkrankung, die sie als Folge verinnerlichter Aufträge verstand, die sie an einem selbstbestimmten Leben hinderten. Zusätzlich aber konnte ihre Wut als Kraft verstanden werden, die es ihr bis dahin ermöglicht hatte, ihre schwere Erkrankung zu bewältigen.

Eine große Herausforderung stellt der Umgang mit *Progressionsangst* dar. Die chronische Krankheit und die damit verbundenen Ängste werden gleichsam zum »Lebensbegleiter«. Aspekte der Progressionsangst lassen sich unschwer auch auf der imaginativen Ebene erkennen, wenn bedrohliche Symbole oder ängstigende Szenen auftauchen. In solchen

Situationen ist es von besonderer Bedeutung, durch geeignete Interventionen Erfahrungen der Selbstwirksamkeit zu ermöglichen. Geeignete Motive zur Bearbeitung der mit der Erkrankung verbundenen Gefühle sind neben den Grundstufenmotiven: »das Haus der Gefühle«, »dem Gefühl eine Gestalt (oder ein Gesicht) geben« oder »ein Tier, dem es so geht wie Ihnen«.

Unter *Coping* versteht man seelische Prozesse, die dazu dienen, Belastungen im Zusammenhang mit Krankheiten durch zielgerichtetes Handeln oder gewandelte innere Einstellungen zu reduzieren, zu verarbeiten oder zu ertragen, um größtmögliche emotionale Stabilität wiederzugewinnen. Auch »Abwehrmechanismen« können zum Coping beitragen. Psychische Abwehr kann bei Krebsbetroffenen als eine Schutzfunktion verstanden werden, die nicht zu sehr analysiert oder hinterfragt werden sollte. Der Therapeut sollte sich in der Psychoonkologie so lange schützend zwischen das Bedrohliche und den Patienten stellen, wie es der Patient braucht, und das Konflikthafte in sich aufbewahren. Dies bedeutet, dass man bei der Begleitung der Imaginationen über weite Strecken auf allzu konfrontierende Interventionen verzichten sollte.

Gleichwohl sind deutende und Veränderung einleitende Interventionen sinnvoll, wenn durch die Erkrankung frühere Konfliktsituationen mobilisiert werden, die das bislang gelungene seelische Gleichgewicht erschüttern, bzw. wenn die für den Patienten typischen Abwehrformationen ihren schützenden Charakter verlieren. Dies verweist darauf, dass im Verlauf einer Therapie trotz der Schwere der Krankheit die biographischen Bezüge beachtet werden müssen. Konflikte sollten bearbeitet werden, wenn dies von den Betroffenen gewünscht wird oder wenn sie die Compliance, die Versorgung oder auch die Lebensqualität beeinträchtigen. So können beispielsweise nicht angemessen gelöste Konflikte um Autonomie und Abhängigkeit oder Autarkie und Versorgung verhindern, dass eine »schützende Abhängigkeit« zugelassen werden kann. Die Bedrohung des eigenen Lebens konfrontiert mit dem bislang Ungelebten und mit den unbewältigten Themen. Hier können *Trauerprozesse* anstehen, aber auch neue Lebensmöglichkeiten erkennbar werden. Für alle diese Themen werden die bekannten Standardmotive mit Gewinn eingesetzt.

So setzte sich Rita in Imaginationen mit Motiven wie »Die steinalten Botschaften, die Sie leben«, »Ihr inneres Kind« und »ein sicherer Ort für das Kind« mit ihren bis dahin nur wenig gelebten Wünschen nach Anlehnung, Unterstützung und Schutz auseinander. Rita wurde bewusst, dass sie bislang versucht hatte, die Erkrankung mithilfe guter Ressourcen und vielfältiger Copingstrategien möglichst aktiv und autonom zu bewältigen. Die Imaginationen ermöglichten es Rita, ihre prägenden Beziehungserfahrungen auf der Ebene der Bilder explizit darzustellen und gleichzeitig auf der impliziten Ebene mit der Therapeutin als einer Art Mutter in der Übertragung neue Erfahrungen zu machen. In der Folge konnte sie zunehmend auch ihre eigene Bedürftigkeit zulassen.

7.4.3 Auseinandersetzung mit belastenden Symptomen

Eine weitere Aufgabe der psychoonkologischen Behandlung ist die Auseinandersetzung mit quälenden und ängstigenden Symptomen wie Schmerz, Übelkeit und Atemnot.

Rita litt inzwischen an einer wiederkehrenden, im Ausmaß schwankenden Atemnot, für die es keine medizinische Erklärung gab. Ihre »Hechelatmung« hatte gewisse Ähnlichkeiten mit Hyperventilationszuständen ihres Vaters, unter denen er gelitten und bei denen die Familie befürchtet hatte, er könne sterben. Imaginationen zu den von der Patientin gewünschten Motiven »Tetanie des Vaters« und »ein Bild zu Ihrer Atemnot aufsteigen lassen« brachten sie in Kontakt mit ihren aus dieser Zeit herrührenden Verlustängsten. Insbesondere der Einbezug von »inneren Helfern« ermöglichte es ihr, sich abzugrenzen und die Identifikation mit dem Vater aufzulösen.

7.4.4 Auseinandersetzung mit der Begrenztheit des Lebens

In der palliativen Phase rücken Abschied, Sterben und Tod in den Fokus. Dabei ist es in besonderem Maße wichtig, die Anregungen des Patienten unter Einbezug der eigenen Gegenübertragung aufzunehmen und die veränderte Übertragungssituation durch die Konfrontation mit dem Sterben-Müssen wahrzunehmen. Wie bereits während der vorangegangenen Phasen der Behandlung ist der Therapeut gefordert, sich nicht auf eine deutend-abstinente Position zurückzuziehen, sondern dem Patienten als authentisches, antwortendes Gegenüber zu begegnen. Motive, die einen Lebensüberblick vermitteln (»Landschaft«, »Berggipfel«, »mein Lebensweg«), den Übergang thematisieren (»Tor«, »Schwelle«, »Weg« oder »Brücke«) oder aber den Abschied von bedeutsamen Bezugspersonen ermöglichen (»eine Begegnung mit ...« u. a.) können den Abschied erleichtern. Es geht nicht mehr um Heilung und Veränderung, sondern um Wandlung, Übergang und Gefühlsausdruck.

> In ihrer letzten Imagination beschäftigte sich Rita mit dem Motiv »Tür«. *Sie öffnet eine zugemauerte Feuertür, spürt dabei die Gegenwart von Lichtwesen und erkundet die unbekannte Landschaft. Schließlich gelangt sie an einen See. Dort spürt sie ihren Baum als Halt im Rücken. Ein Boot mit einem goldenen Drachen taucht auf. Dieser bringt sie ans andere Ufer zu einem Palast, den sie als bergend empfindet. Dort wird sie von Menschen mit Freude und Wertschätzung begrüßt.* Staunend sagt sie: »Unfassbar, dass ich es geschafft habe. Ich bin wunderbar und darf stolz auf mich sein!« Die Patientin wurde bettlägerig und starb wenige Wochen später zu Hause.

7.4.5 Besonderheiten der therapeutischen Beziehung

Die therapeutische Begleitung krebsbetroffener Menschen stellt an die Behandler besondere Anforderungen. Aufgrund der Körpernähe der

Probleme und der krankheitsbedingten Regression der Betroffenen kommt es häufig zu magischen Heilserwartungen und zu einer grandiosen Idealisierung der Therapeuten, die im Vergleich zu den behandelnden Ärzten als die besseren Tröster erlebt werden. Magische Bezüge werden auch in den primärprozesshaften, oft märchenhaften Imaginationen wirksam, wenn hilfreiche Gestalten auftauchen und ihr beschützendes Potenzial entfalten. Daher ist es wichtig, die therapeutische Beziehung bewusst zu gestalten, Selbstbestimmung und Selbstverantwortung der Patienten zu fördern und um die eigenen Grenzen zu wissen. Wenn es gelingt, sich als Therapeut mit der eigenen Endlichkeit auseinanderzusetzen, Trauer, Angst und Ohnmacht in der Gegenübertragung auszuhalten und sich nicht mit dem Patienten in gemeinsamem Wunschdenken zu verstricken, kann die Arbeit mit Krebsbetroffenen auch für den Therapeuten sehr bereichernd sein.

7.5 Psychotraumatische Belastungsstörungen

Beate Steiner

Psychotraumabehandlung mit der KIP stellt eine Spezialisierung und Erweiterung der Methode dar. Seit den 1990er Jahren erfuhr die KIP für psychotraumatisierte Patienten eine wesentliche Ausbreitung und wurde ab 2002 als Katathym Imaginative Psychotraumatherapie (KIPT) zur Behandlung akuter und komplexer Traumatisierung, mit Schwerpunkt auf Traumatisierungen in der Kindheit, weiterentwickelt und curricular gelehrt (Steiner und Krippner 2006). Anliegen war vor allem, die wissenschaftlichen Erkenntnisse der Säuglings-, Bindungs- und Traumaforschung, der Selbstpsychologie und der sozialen Neurobiologie zu nutzen. Die Fokussierung auf Kindheitstraumatisierung im Konzept der KIPT wird durch Untersuchungen gestützt, die traumatische Beziehungserfahrungen als die gravierendste Ursache für psychopathologische und psychosomatische Störungen belegen (Bauer 2002). Die KIPT geht auf allen Ebenen der Psychotraumabehandlung (Stabilisierung, Auseinandersetzung mit dem Trauma und dessen Integration) tiefenpsychologisch-imaginativ und ressourcenorientiert vor und bleibt stets so schonend wie möglich.

7.5.1 Stabilisierungsphase

In der Phase der Stabilisierung überwiegen Anregungsmotive zur narzisstischen Restitution, die imaginative Kompensationsmöglichkeiten zur Ich-Stabilisierung beinhalten. Dies ist bedeutsam, da das Selbstwertgefühl Traumatisierter fundamental erschüttert und eine »Fragmentierung des Selbst« eingetreten ist, was ein Zurückgewinnen der narzisstischen Homöostase dringend erforderlich macht. Zu diesen Anregungsmotiven gehören »Blume am sicheren und geschützten Ort« sowie der »sichere Ort«, der sich als stabilisierendes Motiv mittlerweile im Rahmen vieler Traumatherapien bewährt hat. In der KIPT lautet die Imaginationsvorgabe: »Stellen Sie sich eine Landschaft vor, die Ihnen gefällt, und in dieser Landschaft Ihren sicheren und geschützten Ort, an dem Sie sich ganz wohl und ganz geborgen erleben und an dem Sie als erwachsene Person gegenwärtig sind«. Der imaginäre Ort bildet die Ausgangsbasis für alle weiteren Behandlungsschritte. An diesen Ort kehrt der Patient am Ende jeder Imagination auch wieder zurück. Zusätzliche stabilisierende Motive (z. B. »Tempel der Stille«, »heilende Sonnenstrahlen«, »Baden oder Schwimmen im Wasser einer Heilquelle« oder »Trinken des Heilwassers«) fördern den Prozess der Selbstvergewisserung, des Selbsterlebens und -verstehens. Dieser wird vertieft durch das Fokussieren des imaginativ Erlebten über alle Sinnesmodalitäten auf sinnlich Erfahrbares. Eingefrorenes Erleben kann so allmählich auftauen. Zur Ich-Stärkung werden Patienten bereits vor dem Durchleben einer traumatischen Situation in der Imagination angeleitet, hilfreiche Gestalten/Begleiter/Gefährten mit unterschiedlichen Qualitäten (z. B. Kraft, Wehrhaftigkeit, Übersicht und Weisheit) zu entwickeln, die sie im Weiteren unterstützen und begleiten können. Bei Intrusionen kommt in modifizierter Form die »Tresorübung« von Reddemann und Sachsse (1996) zur Anwendung, eine imaginative Möglichkeit zum kontrollierten Umgang mit intrusivem Material.

Sind der »sichere, geschützte Ort« und die »hilfreichen Gefährten« imaginativ sicher etabliert und können ihre angstnehmende und stabilisierende Funktion entfalten, rückt die Arbeit mit dem »inneren Kind« in den Vordergrund. In der KIPT erfährt das Konzept des »inneren Kindes« in folgenden Aspekten eine Differenzierung:

1. als stabilisierendes Anregungsmotiv: »unverletztes Kind oder Wunschkind«, das eine »ideale« Selbstrepräsentanz mit dem Gefühl der Vollständigkeit, Ganzheit und Lebendigkeit erfahrbar und erlebbar macht, die neben oder anstelle anderer Ideal- und Wunschvorstellungen auftreten kann;
2. als »ein Kind, das Sie einmal waren«, womit auf die »empirische« Selbstrepräsentanz zentriert wird, in der sich die Gesamtheit der Kindheitserfahrungen einer bestimmten Altersstufe verdichtet;
3. spezifisch als »verletztes Kind«, das die traumatisierte Selbstrepräsentanz mit ihren historischen Beziehungen und Phantasien darüber in den Fokus nimmt.

Um langsam eine Auseinandersetzung mit traumatischen Erfahrungen einzuleiten, wird zunächst am sicheren und geschützten Ort eine Begegnung des erwachsenen Patienten mit seinen hilfreichen Gestalten und dem unverletzten Kind und mit einem Kind, das er einmal war, angeboten. Intendiert ist die vorsichtige Bezugnahme auf das »verletzte Kind«, ohne explizit Bezug auf dieses zu nehmen, indem irgendein Kind Zuwendung, Schutz, Fürsorge und/oder Trost erfährt.

7.5.2 Auseinandersetzung mit traumatischen Erfahrungen

In der dosierten imaginativen Auseinandersetzung mit traumatischem Geschehen begegnet der Patient dem verletzten Kind, setzt sich mit traumatischen Szenen auseinander, konfrontiert sich mit dem Täter bzw. schädigenden Anteilen von Bezugspersonen und setzt sich schließlich mit traumatogenen Introjekten auseinander. Dabei ist es wichtig, die Grenzen zwischen Vergangenheit und Gegenwart bewusst zu machen und damit auf die heutigen Möglichkeiten der Bewältigung durch die erwachsene Person hinzuweisen – im Gegensatz zu dem Kind und seinen geringen Möglichkeiten in der Vergangenheit.

Die Begegnung mit dem »verletzten Kind«, das spezifiziert werden kann, z. B. »das geschlagene« oder »gedemütigte Kind«, beginnt in der Imagination standardmäßig am sicheren, geschützten Ort in Anwesenheit der erwachsenen Person von heute und den unterstützenden hilfreichen Begleitern/Gefährten, sowie dem unverletzten und dem inneren Kind. Der Patient wird angeregt, sich vorzustellen, dass die Kinder ausreichend versorgt dort zurückbleiben können. Schließlich wird der erwachsene Patient gefragt, ob er nun bereit ist, zusammen mit den »hilfreichen Gestalten« zu dem Ort zu gehen, an dem er das »verletzte Kind« finden kann, oder eine entsprechende Szene aufzusuchen. Ist das »verletzte Kind« gefunden, wird genau geschaut, was es nun braucht. Falls Täter vorhanden sind, wird es vor diesen abgeschirmt. Es wird auch zugelassen, sie spontan unschädlich zu machen, wenn ein entsprechender Impuls vorhanden ist. Schließlich wird der Patient angeleitet, sich vorzustellen, dass der Erwachsene und die hilfreichen Begleiter das verletzte Kind an seinen sicheren und geschützten Ort bringen, an dem das Kind all das bekommt, was es jetzt braucht. Auch wird Aufmerksamkeit darauf verwendet, danach zu schauen, was der erwachsene Mensch benötigt, und diese Aufgabe wird an die hilfreichen Gefährten delegiert.

Nach einer ausgedehnten Phase erneuter Stabilisierung erfolgt ein weiteres dosiertes, affektkontrolliertes Heranführen an traumatische Szenen über das bewusste symbolische Agieren im Tagtraum. Die Realität der traumatischen Szene im »Als-Ob-Modus« induzierter Imaginationen zu erleben, ermöglicht es, die imaginierte Szene aktiv zu kontrollieren, zu gestalten und nach Belieben zu modifizieren (Fonagy et al. 2004). In diesem Kontext ist bei akuter und chronischer Traumatisierung eine Auseinandersetzung mit Tätern bzw. schädigenden Anteilen erforderlich, um das Schädigende durch einen modifizierenden Vorgang im sicheren Modus des imaginativen »Als-Ob« unschädlich zu machen und so »auszuscheiden«. Wenn Täter und Täteranteile klar identifiziert sind, geht es um Abgrenzung und um Minderung ihrer Macht. Dabei spielt das Aufbauen von Grenzen gegenüber dem Täter

7.5 Psychotraumatische Belastungsstörungen

und gegenüber schädigenden Anteilen sowie deren Unschädlichmachen eine zentrale Rolle.

Eine bei Behandlungsbeginn 24-jährige depressive Patientin mit sozialer Phobie und Ängsten hatte vielerlei Demütigungen und Beschämungen erlebt. Sie war als Kind vom Großvater (vs.) öfter geschlagen worden. In der Imagination sollte es nun darum gehen, diesen schädigenden Anteil des Großvaters unschädlich zu machen. Dazu *begab sie sich von ihrem sicheren, geschützten Ort aus als Erwachsene von heute, zusammen mit ihren hilfreichen Begleitern, zum Ort des Geschehens in ihrer Kindheit. Mit diesen (eine Dogge, ein weiser, gütiger alter Mann, ein Krieger mit einem Speer) platzierte sich die Erwachsene gut geschützt durch Hecken vor dem Haus des Großvaters. In dem Moment, als das ca. 4-jährige Kind in den Hof des Hauses gelaufen kam und sofort vom Großvater abgefangen wurde, in der Absicht, es »über's Knie zu legen« und zu schlagen, trat sofort die Dogge in Aktion. Sie griff den Großvater an, der das Kind augenblicklich losließ, und biss ihm in die Hoden, so dass er schreiend davonlief. Die Dogge verwandelte sich nun in einen Drachen mit großen Flügeln und langem Schweif. Die Erwachsene nahm zusammen mit dem Mädchen, das jetzt ein mit Sternen besetztes Kleid trug, auf dem Rücken des Drachens Platz. So flogen sie hin zum sicheren, geschützten Ort in den Alpen, wo in der Nähe eines großen, tiefen Sees ein stabiles, großes Bauernhaus stand – mit weitem Blick über die herrliche Landschaft.*

Nach einer erneuten Phase der Stabilisierung schließt sich die Arbeit an traumatogenen Introjekten an, was bei chronischer Traumatisierung nur im Rahmen einer Langzeittherapie sinnvoll ist. Zunächst wird der Patient für die Stimme seines verurteilenden, demütigenden oder strafenden Introjekts sensibilisiert – und damit für den Konflikt, der in seinem Inneren tobt, sowie dafür, wie dieser immer wieder externalisiert wird (Wurmser 1987, 1998). Das traumatogene Introjekt wird in Metaphern wie innerer Entwerter, Sadist, Erniedriger, Miesmacher, Ankläger etc. gefasst und so einer imaginativen Bearbeitung zugeführt.

7.5.3 Integration traumatischer Erfahrungen

Bei Traumata, die zur psychischen Struktur geworden sind, ist ein langer Prozess des Durcharbeitens nötig. Da Patienten meist durch tiefe Loyalitätskonflikte an ihre Peiniger gebunden sind, ist auch eine weitere imaginative Täterkonfrontation nötig, um eventuell deren aktuellem Machtgebaren Grenzen zu setzen und die Wirkung von Grenzen im imaginativen Probehandeln zu erfahren.

Um eingefrorene Lebensprozesse zu verlebendigen, werden die Affekte in der Imagination nun gezielter bearbeitet. Dazu eignet sich gut das Motiv »Haus der Gefühle«, in dem bestimmte Zimmer aufgesucht werden, z. B. das »Zimmer der Trauer« (Wut/Scham/Schuld etc.), zudem das »Zimmer der Freude« (Sehnsucht/Zufriedenheit etc.). Den Gefühlen kann zudem eine Gestalt gegeben werden, um einen Dialog mit ihnen zu initiieren. Die Erfahrung, Gefühle imaginativ und verbal symbolisieren zu können und in der Imagination kontrollieren und modifizieren zu können, ermöglicht einen angstfreieren Umgang mit ihnen.

In der Abschlussphase der ambulanten Arbeit wird u. a. eine imaginative Begegnung mit den Eltern oder anderen Bezugspersonen oder schädigenden Personen angeboten. So kann der Patient dem Worte verleihen, was er im Hier und Jetzt seinen Eltern und anderen sagen möchte, während diese ihm einfach nur zuhören. Imaginativ werden konkrete Problem- und Konfliktlösungen gesucht, die in der Realität dann handlungswirksam werden können. Am Ende einer Psychotherapie muss kommuniziert werden, dass die Transformation der Traumata ein lebenslanger Prozess ist und dass Lebensereignisse, die daran erinnern, zu erneuter Beunruhigung führen können. Die Empfehlung, in solchen Momenten in der Vorstellung immer wieder an den sicheren, geschützten Ort zu gehen, Kontakt zu den hilfreichen Begleitern zu suchen, um innere Sicherheit wieder zu gewinnen, beendet den therapeutischen Behandlungsprozess.

8 Settings und therapeutische Beziehung

Ulrike Linke-Stillger

KIP ist eine Methode, die ein breites Spektrum von Anwendungsmöglichkeiten bietet. Das diesem Buch zunächst zu Grunde gelegte Referenzmodell ist die Einzelpsychotherapie im ambulanten Setting. Das vorliegende Kapitel führt in weitere Vorgehensweisen ein, die in stationärer und in ambulanter Psychotherapie gängig sind. Einen ausführlicheren Überblick über Settings und Anwendungsfelder wie Paartherapie, KIP bei älteren Menschen, Coaching oder Supervision findet der interessierte Leser im Handbuch Katathym Imaginative Psychotherapie (Ullmann und Wilke 2012).

Die therapeutische Beziehung in der KIP gestaltet sich – durch das gemeinsame Arbeiten von Patient und Therapeut mit und an den Imaginationen – in besonderer Art und Weise (▶ Kap. 5). Auch die im Einzelsetting der KIP übliche räumliche Platzierung – der Patient imaginiert mit geschlossenen Augen, im Sitzen oder Liegen, der Therapeut befindet sich an seiner Seite – unterscheidet sich vom Face-to-face-Kontakt anderer Therapiemethoden. Sie ist Teil des regressiven und fokussierenden Angebots, das der KIP immanent ist, und bildet auch damit ein besonderes Beziehungsangebot. In der regressiven Phase des eigentlichen Tagtraums verändert sich die Art und Weise des Miteinanders, vom Patienten wird ein Stück Kontrolle an den Therapeuten abgegeben.

In allen Settings kommt der therapeutischen Beziehung eine hohe Bedeutung zu. Die jeweilige Ausformung variiert in Abhängigkeit von den Spezifika des Settings. So tritt beispielsweise in der Gruppenbehandlung mit der KIP die Bedeutung des Therapeuten während der Imagination zurück, während andere wichtige Beziehungen in den Vordergrund treten. Auch die KIP mit Kindern und Jugendlichen enthält eigene Momente der Beziehung (▶ Kap. 8.4).

8.1 Spezifische Qualitäten der therapeutischen Beziehung in der Einzeltherapie

Ulrike Linke-Stillger

Jede therapeutische Beziehung ist einzigartig, in Abhängigkeit von den mannigfaltigen Variablen, die in sie einfließen. Je nach Setting (z. B. Einzel, Gruppe, Paare) variieren auch einzelne Bestandteile der therapeutischen Beziehung in der KIP. Einzeltherapie ist der häufigste Anwendungsbereich der Methode und liegt daher den anschließenden Überlegungen zugrunde.

Betrachtet man Ergebnisse der Psychotherapieforschung, so wird deutlich, dass, bezogen auf die intratherapeutischen Einflüsse, der Faktor Beziehung einen relativ hohen Anteil an der Wirksamkeit von Psychotherapie bildet (vgl. z. B. Hermer und Röhrle 2008). Die stärksten Zusammenhänge zum Therapieerfolg zeigen sich dabei überwiegend dort, wo das Erleben der Beziehung aus Sicht der Patienten zugrunde gelegt wird (ebd.). Aber auch die Methode ist eine nicht unbedeutende Variable im Gesamtgeschehen. Wie aber hängen in einer KIP therapeutische Beziehung und Methode zusammen? Wie wirken sich die einzelnen Schritte der Methode (▶ Kap. 5.5) auf die Beziehung aus?

Um diese Fragestellung zu vertiefen, wurde ein Frage-Set entwickelt, das von Patienten verschiedener Therapeuten schriftlich beantwortet wurde. Die drei Fragen beziehen sich auf die spezifischen Erfahrungen der Patienten in der Imagination (»Katathymes Bilderleben«, KB) und im Laufe des Therapieprozesses:

1. Frage: Nach Ihrer persönlichen Einschätzung: In welcher Art und Weise wirken sich die Imaginationen (KB) auf Ihr Denken und Fühlen aus?
2. Frage: Wie verändert sich die Beziehung zu Ihrer Therapeutin durch die Arbeit mit den Imaginationen?
3. Frage: Wenn Sie die Arbeit in der Imagination mit den darauf folgenden Schritten vergleichen – also mit dem Malen der Bil-

der, der Besprechung der gemalten Bilder und den Gesprächen allgemein –, welche Unterschiede können Sie feststellen und was bewirken diese bei Ihnen? Wie erleben Sie die Beziehung zur Therapeutin in den unterschiedlichen Einheiten?

Die Antworten einer ausgewählten Patientin (als Originaltext nachfolgend kursiv gedruckt) sind repräsentativ für Erfahrungen, die im Prozess der dialogisch geführten Imagination gemacht werden. Sie sollen daher stellvertretend für andere die Ergebnisse kommentieren. Die Beschreibung der Patientin enthält verschiedene Aspekte, die für die Methode typisch sind.

1. Frage: Auswirkungen der Imaginationen auf das Denken und Fühlen

Nachhaltigkeit des Erlebens und der Bilder

Nach der Imagination hänge ich dem KB häufig noch mit Gefühlen und Gedanken nach. Das hauptsächlich im KB präsente Gefühl begleitet mich meist weiter, über den Tag hinweg und manchmal darüber hinaus. Mit zunehmendem Abstand vom Imaginationstag verblasst dann das Gefühl oder verändert sich.

Vielfalt und Intensität der Emotionen

Gefühle unmittelbar nach einer Imagination sind am häufigsten: Bewegtheit, Rührung, Freude oder Traurigkeit, aber auch Verwirrung, Geborgenheit, Dankbarkeit, Stolz, Einsamkeit, ein Gefühl von Beschwingtheit ...
Einerseits fühle ich mich nach einer Imagination mir selbst näher; ich spüre meine Gefühlswelt intensiver, das Rationale tritt in den Hintergrund. Andererseits komme ich mir dann von anderen abgetrennt vor, kann mein Empfinden irgendwie nicht nach außen tragen, anderen mitteilen und zeigen, sondern will oder muss es für mich behalten.

Erfahren von Sicherheit und Schutz durch den Therapeuten

Wenn Angst in der Imagination eine zentrale Rolle spielt, ist sie danach meist für mich nicht mehr fühlbar. (Was vielleicht auch damit zusammenhängt, dass wir selten eine Imagination mit diesem Gefühl beenden?) Sie tritt dann eher beim Malen oder Besprechen der Bilder wieder auf.

Aktivierung des Primärprozesses führt zu kreativer Problembewältigung

Direkt nach dem KB stellen sich sehr schnell viele Gedanken und Ideen zu der erlebten Imagination ein, mit Bezügen zu meiner Geschichte. Im Lauf der folgenden Woche geht das dann weiter: mit Einfällen zu Bedeutungen, mit Bezügen zum Erlebten, mit Parallelen zu vorangegangenen Imaginationen oder Symbolen dazu. Manchmal tauchen auch Fragen zu Aspekten aus der Imagination auf, die sich nicht direkt erschließen oder ganz offen bleiben.

Hier finden sich einige der von Stigler und Pokorny (2012) formulierten spezifischen Wirkmomente der Imagination wieder. Auf der Grundlage ihrer Forschungen formulieren die Autoren, dass der Primärprozess im Vergleich zu verbalen Sitzungsphasen deutlich stärker aktiviert ist. Es kommen mehr Emotionen auf, und diese sind positiver getönt. Letzteres bedeutet nicht Konflikt- und Spannungsvermeidung; KB ist vielmehr ein »sanfter Zugang zu harten Problemen« (ebd., S. 128).

In psychodynamischen Therapien ist die Rolle der Emotionen zentral für den therapeutischen Prozess. Sowohl deren differenzierte Wahrnehmung durch den Therapeuten als auch Differenzierung auf Seiten des Patienten sind »Schlüssel zum unbewussten Konflikt« (Wöller 2007, S. 32). Die Ausführungen der Patientin bilden auch die psychodynamisch relevanten Momente der assoziativen Verknüpfung des unmittelbaren Erlebens im Tagtraum mit dem »Damals und Dort« ab. Biographische Spuren und aktuelles Sein können in einen Sinnzusammenhang gestellt werden. (Beziehungs-)Muster werden über ihr wiederholtes Auftauchen in den Imaginationen und den weiteren Komponenten der KIP verdeutlicht und durchgearbeitet.

2. Frage: Veränderung der Beziehung zur Therapeutin durch die Arbeit mit Imaginationen

Positive Tönung der Übertragungsbeziehung als Ausgangspunkt

Unabhängig von den Imaginationen hatte ich von Anfang an das Gefühl, dass es zwischen uns passt, und dass wir beide auf gleicher Wellenlänge liegen. Ich hatte den Eindruck, verstanden zu werden und relativ wenig erklären zu müssen. Vor allem erinnere ich mich an das eindrucksvolle Empfinden, verwirrt und überrascht zu sein angesichts des Verständnisses, des Mitgefühls und vor allem der ausbleibenden Verurteilung seitens der Therapeutin. Die Diskrepanz zu meinem eigenen Urteil mir selbst gegenüber war einfach unglaublich groß ...

Trotzdem gab es in der Anfangszeit auch »holprige« Situationen in der Arbeit miteinander, die mich verunsicherten und manchmal an der guten Beziehung zweifeln ließen. Kleinste Situationen haben ausgereicht, um gleich die Beziehung zur Therapeutin als Ganzes in Frage zu stellen.

Individuation in Bezogenheit

Die Imaginationen selbst habe ich von Anfang an mit Kontrollabgabe in Verbindung gebracht. Das war zunächst ungewohnt, wackelig, unsicher und trotzdem gleichzeitig sehr entlastend. Dadurch, dass im KB jedoch immer auch das eigene Nachspüren wichtig war, dass es von Bedeutung war, zu schauen, wo ich als Nächstes »hingehen« möchte und was ich »betrachten« will, war immer auch das Gefühl da, selbst mitgestalten zu können. Sich leiten zu lassen, auf Anregungen der Therapeutin einzugehen, sich trotzdem nicht fremdgesteuert zu fühlen. Das alles hat mich auch für außerhalb des KBs darin bestärkt, Schritte zu mehr Vertrauen zu wagen. Mit den Imaginationen ist nach und nach die Sicherheit gewachsen, dass es von der Therapeutin nicht ausgenutzt wird, wenn ich mich in eine Imagination hinein begebe.

Erleben einer schützenden und fördernden Umwelt

Vor allem durch Imaginationen, in denen schwieriger zu bewältigende Situationen auftraten (wie etwa Wald, Keller, eine zweite Blume), in denen die Therapeutin lenkend oder schützend eingriff (etwa indem sie anregte, sich Zeit zu nehmen und »Helfer« herbeizuholen), ist das Vertrauen in die Therapeutin als helfende Begleiterin und verlässliche Instanz sehr gewachsen (auch das Vertrauen in mich selbst, so etwas meistern zu können). Was mir Sicherheit gibt: das Gefühl, gut aufeinander eingestimmt zu sein, zu erfahren, dass die Therapeutin, auch ohne dass ich es mit Worten ausdrücke, sehr zeitnah in der Imagination merkt, wenn für mich schwierige Situationen auftreten, und mir so helfen kann, Situationen zu bewältigen, die mir zunächst Angst machen. So ist das Imaginieren kein Angang für mich. Das Vertrauen hat sich gefestigt, nicht alleine zu sein, die Therapeutin als Helfer dabei zu haben und darauf bauen zu können, dass sie – egal wie schwierig die Situation im KB selbst ist – die Imagination zu einem »guten« Ende führen kann. Ich kann dann möglichst sanft in den Alltag zurückkehren.

Reparation von missglückten Abstimmungsmomenten

Ab und zu taucht mal das Gefühl auf, selbst stützend sein zu müssen und damit quasi einen Rollentausch zu vollziehen. Dies ist der Fall, wenn ich den Eindruck habe, dass es der Therapeutin selbst gerade nicht gut geht. Es ist mir jedoch möglich, das zunehmend direkter in der Situation selbst anzusprechen. Durch das offene Gespräch darüber und das von mir als authentisch wahrgenommene Verhalten der Therapeutin (»Ja, es geht mir gerade nicht so gut, aber doch so gut, dass ich heute hier sein kann.« Anm.: Die Therapeutin hatte einen grippalen Infekt) ist es möglich, ihr wieder die Führung zu überlassen und in meine Rolle als ›Hilfeempfangende‹ zurückzutreten. Diese erlebte Veränderung hin zu einem Vertrauen in eine stützende Funktion der Therapeutin finde ich sehr positiv und entlastend. Das Sich-Anvertrauen ist vor allem auch gewachsen durch unterschiedliche Erfahrungen in den Imaginationen.

Die Ausführungen in diesem Abschnitt bilden einen basalen Aspekt von wirksamer Psychotherapie ab, nämlich die positive Tönung der Übertragungsbeziehung. Die Patientin erlebt sich in einer förderlichen Umwelt, in der Überich-Entlastung, Resonanz, rhythmische Abstimmung und Reparation von missglückten Abstimmungsmomenten möglich sind. Fehlabstimmungen sind im menschlichen Miteinander unvermeidlich. Sie ereignen sich in der frühen Entwicklung ebenso wie in der Psychotherapie. Die Wiederherstellung einer als gemeinsam erlebten Wahrnehmung und eines stimmigen Rhythmus stärkt das Vertrauen in die therapeutische Beziehung und in sich selbst. Die interaktive Reparation der Beziehung (Schore 2007) fördert somit Sicherheit und Selbstwirksamkeit.

Das KB selbst ist immer verbunden mit Kontrollabgabe. Die Erfahrung einer nahen, einfühlenden und widerspiegelnden Begleitung, besonders in dieser vulnerablen Phase, stärkt die Fähigkeit, sich anzuvertrauen. Nähe ist verbunden mit Abgrenzung und Selbstbestimmung. Eigene unbewusste Wünsche und Impulse werden deutlicher und können auf der spielerischen Bühne der Imagination ausprobiert werden. Der Therapeut wird hierbei alle förderlichen Impulse unterstützen. Das Fühl- und Handlungsrepertoire des Patienten kann sich so – sinnlich erlebt, leibhaftig und unmittelbar erfahren – erweitern. Fast paradox anmutend können Selbstbestimmung und Selbsterleben erstarken, indem man sich anvertraut. Dies alles erleichtert die Auseinandersetzung mit Konflikten.

3. Frage: Erleben der Beziehung zur Therapeutin in den unterschiedlichen Phasen des Prozesses

Imagination

In der Imagination kann ich mich besonders gut auf mich und meine Gefühle konzentrieren. Das Rationale tritt in den Hintergrund. Da Themen nicht direkt angesprochen, sondern eher »erlebt« werden, es nicht um die Interpretation oder Beurteilung geht, kann ich einfach im Hier und Jetzt sein und abwarten, was passiert. Ich muss mich um nichts weiter kümmern, kann einfach bei mir sein, mich auf mein Erle-

ben und auf die Stimme der Therapeutin konzentrieren. Das Gefühl von Nähe zur Therapeutin ist im KB vielleicht am stärksten ausgeprägt. Hier habe ich nie das Gefühl, Rücksicht nehmen oder Verantwortung übernehmen zu müssen. In den Imaginationen fällt es mir im Vergleich zu dem, was danach kommt, am leichtesten, mich führen zu lassen und etwas Kontrolle abzugeben. Ich empfinde das als sehr entlastend. Alles in allem bin ich mittlerweile froh, dass gerade diese Arbeitsweise Teil der Therapie ist, denn sie ermöglicht vieles, was mir sonst eher schwerfällt. Das ist hilfreich, um auch an Themen heranzukommen, zu denen ich im Gespräch nicht den Zugang finde, weil sie als diffuses oder unterschwelliges Gefühl vorhanden, aber nicht richtig greifbar sind. Diese Dinge direkt zu verbalisieren, ist mir auf anderem Wege schlicht unmöglich. Themen, die mir im direkten Gespräch schwerer fallen, weil sie mir unangenehm oder peinlich sind, können in der Imagination erstmal einfach nur da sein. Es fehlt der (rationale) Filter. Die Themen sind gewissermaßen in den Imaginationen vor meinem Urteil geschützt. Sie werden einfach unzensiert erlebt und gefühlt. Durch die darauffolgenden Schritte können sie dann sanfter und in dosierbarem Tempo ins direkte Gespräch gelangen. Das ist weitaus angenehmer, als im Gespräch direkt auf schwierige Themen angesprochen zu werden.

Malen

Das Malen ermöglicht es, dem Erlebten/Gefühlten der Imagination in der Realität ein Bild zu geben und es greifbarer zu machen. Diffusen Themen so eine Form zu geben, erlaubt es, später darüber zu sprechen und Bezüge zur eigenen Geschichte zu finden. Das hilft mir, mich selbst besser zu verstehen.

Die Beziehung zur Therapeutin ist beim Malen insofern spürbar, als sie ja Mit-Adressatin der Bilder ist. Denn wir nutzen die Bilder gemeinsam, um das KB zu besprechen und Bezüge herzustellen. Für mich ist das Malen immer wieder auch gleichbedeutend mit meinem Teil an Arbeit, den ich zum Vorankommen in der Therapie beitragen kann.

Schwierige Themen des KB (schambesetzte, peinliche, sehr intime, seltener ängstigende Themen) sind häufig auch schwerer zu malen.

8.1 Spezifische Qualitäten der therapeutischen Beziehung in der Einzeltherapie

Entweder weil ich Angst habe, dass durch das Malen und das Konkretere ein Gefühl wieder »zermalt« werden könnte, oder aber, weil bereits die Gedanken um die spätere gemeinsame Interpretation kreisen.
Die Vorstellung, schwierige Themen später durch die Bilder »offen« vor der Therapeutin und mir liegen zu sehen, sich dabei vielleicht zu schämen, sorgt bereits in der Phase des Malens für ein unangenehmes Gefühl. Vor allem zu Beginn der Therapie führte das teilweise zur »Eigenzensur«, so dass ich bestimmte Szenen dann nicht gemalt habe. Mittlerweile entstehen »schwierige« Bilder meist trotzdem, weil ich (auf Anregung der Therapeutin) für mich den Weg gefunden habe, die entsprechenden Bilder erst dann zu zeigen, wenn es für mich vom Gefühl her passt, d. h., sie bleiben zu Beginn der Besprechung verdeckt, bis es in Ordnung ist, sie aufzudecken.

Bildbesprechung

Das Besprechen der Bilder ist also nicht immer einfach und manchmal schambesetzt, gibt mir aber im Gegensatz zu den generellen Gesprächen eine »sanftere« Möglichkeit, Themen anzusprechen. Das Über-die-Bilder-Sprechen ist nicht so frontal, der Kontakt zur Therapeutin nicht so direkt wie im generellen Gespräch, da der Fokus vor allem auf etwas Drittem liegt. So fällt es leichter als im generellen Gespräch, schwierige Themen zu besprechen. Die Scham taucht immer mal wieder beim Besprechen der Bilder auf, ist aber inzwischen weniger geworden, da ich selbst auch das Gefühl habe, besser dosieren und spüren zu können, wann es an der Zeit ist, Bilder zu zeigen oder über Themen zu sprechen. Zusätzlich gibt das Besprechen der Bilder auch die Möglichkeit, in der Imagination Erlebtes zu erklären oder einfach bestimmte Aspekte noch einmal genauer zu betrachten und nach Bezügen zur eigenen Geschichte zu suchen.

Therapeutische Gespräche

Die generellen Gespräche ermöglichen es mir vor allem, bewusst neue, mir wichtige Themen einzubringen, die sonst vielleicht nicht Teil der

Therapie wären. Hierdurch kann immer wieder auch die aktuelle Lebenssituation mit einbezogen werden.

Die Verschränkung der Phasen im Prozess

Betrachtet man alle einzelnen Schritte im Vergleich, dann ist der »rationale Filter«, d. h. das durch Scham verursachte »Zensieren« von Gedanken, wohl in den Imaginationen am niedrigsten. Das Zensieren steigert sich über das Malen und das Besprechen der Bilder bis zu den generellen Gesprächen. Das hängt vielleicht damit zusammen, dass der Kontakt zur Therapeutin in den Gesprächen direkter ist. Dazu tragen auch Blickkontakt und Körpersprache bei.

Die Kombination der einzelnen Schritte und damit die Möglichkeit, auf unterschiedliche Kommunikationsarten auszuweichen, gibt der Therapie Flexibilität und mir eine gewisse Sicherheit. Was ich nicht sagen kann, weil es noch diffus ist, kann ich vielleicht in einer Imagination erleben. Was ich nicht in der Realität zu tun wage, kann ich in einer Imagination vorher ausprobieren. Was ich nicht in Worte fassen kann, weil ich mich schäme, kann ich vorher malen und schrittweise im eigenen Tempo einbringen oder mich darauf einlassen, dass es langsam von der Therapeutin thematisiert wird. Was sich in Imaginationen nicht zeigt, mir aber als Thema wichtig ist, kann ich in den generellen Gesprächen einbringen.

Die in Kapitel 5 erläuterte Systematik mit ihren den einzelnen Komponenten innewohnenden Wirkkräften zeichnet sich hier in anschaulicher Weise ab. Es verdeutlicht sich deren Unterschiedlichkeit, aber eben auch deren Verwobenheit, aus der sich wiederum ein Ganzes bildet. Bezogen auf die therapeutische Beziehung lässt sich der Darstellung entnehmen, dass im primärprozesshaften Geschehen des Tagtraums Nähe (»Miteinander Sein«) und ein »Bei sich selbst Sein« am besten zusammen kommen. In der bereits erwähnten Untersuchung zu Wirkmomenten der KIP (Stigler und Pokorny 2012, S. 130) schreiben die Autoren, dass »ein Vergleich des sprachlichen Primärprozessniveaus bei Patient und Therapeut zeigt, dass sich beide auf etwa gleicher Höhe einschwingen«.

8.1 Spezifische Qualitäten der therapeutischen Beziehung in der Einzeltherapie

In der Beschreibung der Patientin wird auch die Unmittelbarkeit des Erlebens und der Beziehung in der Imagination deutlich. Es wird wenig (sekundärprozesshaft) hinterfragt, es gestaltet sich ein Erleben vom Sein im Hier und Jetzt. Unterstützt wird dies durch die spezielle und einzigartige Methodik der KIP, durch die der Therapeut sozusagen »im Bilde« ist, am Geschehen teilnimmt und es mitgestaltet (▶ Kap. 5). Ein solches Vorgehen »erlaubt, ohne Umwege über informationsverwässernde Abstraktion oder Generalisation in der konkreten Handlungs- und Interaktionssprache, unter direktem Einbezug von Körper und Sinnen, kommunizieren und therapeutisch eingreifen zu können« (Stigler 2000).

Im Text der Patientin wird die Schwierigkeit erwähnt, Diffusem Worte zu geben, und es wird deutlich, wie hilfreich die Imagination hier ist. Eine Potenz der KIP ist es, Implizites zu explizieren. Beucke (2008) stellt in seinem Artikel zur Intersubjektivität ein Modell von Orange et al. (1997) vor, das für das Verständnis der KIP hilfreich erscheint. Die Autoren differenzieren verschiedene organisierende Prinzipien der Psyche. Dazu zählen »ein »prereflective unconscious«, in dem emotionale Überzeugungen wirksam sind, die sich automatisch und weitgehend außerhalb des Bewusstseins auswirken. Weiter beschreiben sie ein »dynamic unconscious«, in dem emotionales Wissen aus der Vergangenheit wirksam ist, das vergessen werden musste, weil es unlösbare Konflikte hervorrief. Da es unbewusst wirksam und nicht reflektierbar ist, lässt es immer wieder heftige Probleme auftreten. Schließlich postulieren sie ein »unvalidated unconscious«, in dem Anteile des Subjekts enthalten sind, für die es keine ausreichende Wahrnehmung und Anerkennung von Anderen gab, um zu einer Realisierung zu kommen«. Nach Beucke (ebd., S. 8) wirkt implizites Wissen prägend, »vor allem rasch ablaufende Handlungssequenzen, die im emotionalen Kontext höchst bedeutsam und wirksam sind, sich jedoch im Bewusstsein nicht niederschlagen ... Der Austausch von Signalen aus Gestik, Mimik, Tonfall und Körperhaltung führt ... erst zur bewussten Wahrnehmung, die eine Deutung möglich macht.« Im KB schlägt sich dies in einer besonderen Form nieder. Sie zeichnet sich durch Gefühle, Symbole und Szenen aus, die in einer Art Melodie eingebunden sind. Auch im Tempo des KB, seinen Brüchen, Pausen, Crescendi usw. findet man zentrale Mitteilungen zu implizitem Wissen. Auf der Ebene der Imagination geht es vor allem darum, dieses Wissen zu validieren, zu differenzieren und ihm miteinander eine neue Form zu geben. Das so gemeinsam geschaffene Neue wird dann in den weiteren Schritten sinnhaft und verständlich.

Auch im Malen bleibt die Beziehung präsent. Zwar treten hier vermehrt Abwehrvorgänge und Überich-Phänomene auf, zugleich bildet das Malen aber ein Medium, dem Fühlen eine Form zu geben und es damit – für Patient und Therapeut – greifbarer zu machen. Der zeitlich zurückliegende Tagtraum wird wieder lebendig und erfährt zugleich eine Überarbeitung. Das Malen verbindet den Tagtraum, die Zwischenzeit und das Jetzt. Hier verdichtet sich der Umgang mit der therapeutischen Beziehung und deren Wahrnehmung in Abwesenheit des Anderen. Das gemalte Bild wird zum Übergangsobjekt. Die reale Präsenz des Therapeuten entfällt und die phantasierte Objektübertragung nimmt zu. Auch der Umgang mit den Bildern ist Teil der Beziehungsdynamik. Die gemalten Bilder ermöglichen, wenn sie gemeinsam betrachtet und besprochen werden, den Blick auf ein Drittes zu richten. Dieses Dritte ist zugleich Produkt des Patienten wie auch der Beziehung, innerhalb derer es entstanden ist. So werden Scham- und Bewertungsmomente gemildert, eine fast partnerschaftliche Neugier wird gefördert, ein gemeinsames Verstehenwollen wird unterstützt. Das gemalte Bild dient darüber hinaus dem Durcharbeiten habitueller Themen und Muster.

In den Gesprächen, die nicht in unmittelbarem Zusammenhang mit einem KB stehen, treten Alltags- und neue Themen in den Vordergrund. Aber auch hier fließen Momente des bildhaften Erlebens ein, z. B. indem der Therapeut oder auch der Patient ein Bild aus einer Imagination mit dem Berichteten verbindet. (Beispiel: »Ah, als Sie Ihrem Chef gesagt haben, dass es so nicht geht, da war der Panther dabei!«). Auch die Bilder, die im Therapeuten entstehen, sind Teil des gemeinsamen Ganzen und entspringen der Wechselseitigkeit des Geschehens. Über die Arbeit mit Imaginationen entwickelt sich eine gemeinsame Sprache, die von beiden Beziehungspartnern verstanden wird. Fast mutet dies an wie eine Geheimsprache, in der beide das gesamte, auch sinnlich erlebbare Bedeutungsfeld eines Begriffes kennen, als Teil der einzigartigen Geschichte miteinander. Hierzu passen die Worte von Daniel Stern und Mitarbeitern (Stern et al. 2012, S. 16): »Was zwischen den Psychen von Patient und Analytiker geschieht, ist das eigentliche Thema«. KIP ist ein dynamischer Prozess, in dem die ständige, bildhaft getragene Rückkoppelung beider Beteiligter neue Möglichkeiten und Sichtweisen entstehen lässt. »Der Prozess, durch den neue, überraschende, hilfreiche Geschehnisse hervorgebracht werden, (ist) ein ko-kreativer Prozess und nicht eine Ausgrabung vorgefertigter Bedeutungen. Er ist das Produkt einer komplexen Interaktion zweier Psychen« (ebd., S. 17).

Als Fazit bleibt zu sagen, dass innerhalb einer KIP die Beziehung eine zentrale Rolle spielt. Das Bonbon für den Therapeuten ist – neben der Nutzung einer hocheffizienten Methode –, eine Arbeit zu machen, die sehr viel Spielerisches, Lebendiges und Buntes in sich trägt.

8.2 Ambulante Gruppentherapie mit KIP (G-KIP)

Ulrike Linke-Stillger

Gruppentherapie beinhaltet ein Erfahrungsspektrum und ein unmittelbares Übungsfeld, das in dieser Form im Einzelsetting nicht gegeben ist. G-KIP bietet – neben den allgemein gültigen Wirkfaktoren einer Gruppe (vgl. z. B. Yalom 2001) – durch den ihr spezifischen Einsatz der gemeinsamen Imagination aller Gruppenteilnehmer eine einmalige Form des Miteinander und des Gruppenprozesses. Die symbolische Gestaltung der Interaktionen ist zugleich erhellend wie auch schützend. Die klassische Form der Methode, wie sie von den Pionieren der G-KIP entwickelt wurde (Leuner et al. 1986), findet vor allem im ambulanten psychotherapeutischen Rahmen und in der Selbsterfahrung Anwendung. Detaillierte Darstellungen zu Theorie und Praxis der Gruppentherapie mit KIP (G-KIP) sind nachzulesen in Leuner (ebd.)

oder Linke-Stillger (2012b). Das gruppentherapeutische Vorgehen mit KIP für den stationären Bereich wird in Kapitel 8.3.3 ausführlich beschrieben.

8.2.1 Rahmenbedingungen

Der zeitliche Rahmen für eine G-KIP zeigt sich in der Praxis sehr unterschiedlich. G-KIP kann in Form einer Abendsitzung über ca. 3 Stunden im 2-Wochen-Abstand, aber auch in Form von mehrtägigen Gruppenwochenenden in größerem Abstand angeboten werden. Für Selbsterfahrungsgruppen hat sich die mehrtägige Variante bewährt. Die Gruppengröße sollte 6 Teilnehmer nicht unter-, 9 Teilnehmer nicht überschreiten. G-KIP kann in halboffener (slow-open) oder geschlossener Form durchgeführt werden. Die gewählte Variante ist abhängig von Variablen wie der zu Verfügung stehenden Zeit und der jeweiligen Klientel (Strukturniveau, Störungsbilder). Auch können höhere Therapeutenaktivität und Modifikationen im Vorgehen erforderlich sein.

8.2.2 Ablauf einer G-KIP

Idealtypisch weist die G-KIP eine Struktur auf, die – ähnlich der in Kapitel 5 beschriebenen Komponenten einer KIP – aus einzelnen Einheiten besteht, die miteinander verbunden ein Gesamtes ergeben.

Eine *Eingangsrunde*, in der Alltagsgeschehen, aktuelle Befindlichkeit oder auch Nachklänge zu einer vorhergehenden Gruppensitzung der Teilnehmer ihren Platz finden, bildet den Anfang jeder Gruppensitzung. Die Gruppenteilnehmer orientieren sich miteinander, finden Bezüge zwischen sich und anderen. Das zentrale Thema der Sitzung kristallisiert sich heraus; der Gruppentherapeut entwickelt erste Hypothesen bzw. überprüft seine bestehenden Überlegungen zum Gruppenprozess und zu den einzelnen Teilnehmern.

Das eigentliche imaginative Geschehen beginnt mit der *Themenfindung*. Im Unterschied zum Einzelsetting, in dem zumeist der Therapeut das Motiv auswählt und anbietet, erarbeitet sich die Gruppe selbstständig – mit Unterstützung des Gruppentherapeuten – das Motiv, zu dem sie imaginieren möchte. Hierzu setzen sich alle auf den Boden, wo bereits Decken für die Gruppenimagination ausgebreitet wurden. Das Motiv, das sich aus den jeweiligen Empfindungen, Bedürfnissen und Impulsen der Einzelnen entwickelt, bildet quasi eine gemeinsame Metapher für das unbewusste Gruppenthema. Beispiele hierfür: Impulse zur Befreiung aus alten Blockierungen, die im Motiv »Gefängnisausbruch« münden; das Ausprobieren aggressiver Strebungen in Motiven wie »Banküberfall« oder »Dschungeltiere«. Das Erleben von Bindung und Individuation – ein zentrales Moment jeder Gruppentherapie – kann z. B. in einer Imagination mit dem Motiv »gemeinsam ein Haus bauen, in dem jeder einen Raum hat« Ausdruck finden. Die Zahl der Motivmöglichkeiten ist unbegrenzt und entsteht aus der Abstimmung der Gruppenteilnehmer miteinander. Die anschließende *Gruppenimagination* findet im Liegen in einer sternförmigen Anordnung statt. Hier imaginieren die Teilnehmer ihre Bilder im Gruppenkontext, sie nehmen Bezug aufeinander und erschaffen, unter der Regie der individuellen unbewussten Tendenzen, eine einzigartige Geschichte. Es entsteht ein Probehandeln, in dem sich Ängste, Wünsche, Progressionstendenzen, Projektionen, Verhinderungen und Entwicklungsmöglichkeiten manifestieren und zu einer gemeinsamen Neuerfahrung formen. Fixierte Rollen werden durch die projektiven Phantasien anderer erweitert und ausprobiert. Die Gruppentagträume sind überwiegend primärprozesshaft und von intensiven Emotionen begleitet.

Auf dem Boden verbleibend, nun jedoch im Sitzen, wird dem Geschehen des Tagtraums nachgegangen. Hier übernimmt der Gruppentherapeut, der in der Regel in den eigentlichen Tagtraum nicht eingreift, wieder eine strukturierende und ggf. auch vertiefende Rolle. Diese so genannte *Bodenrunde* ist noch stark affektgetragen. In diesem Erlebensmodus teilen die Einzelnen ihre Eindrücke und Ergänzungen mit. Es soll jedoch noch keine kognitive Bewertung einfließen, die Sprache bleibt bildhaft und vom Gefühl bestimmt. Im Anschluss malen die Gruppenmitglieder ein Bild zu dem, was sie erlebt haben. Bewährt hat sich hier die Gestaltung auf einem großen Papier, auf dem sich jeder seinen Platz zum Malen sucht. Auf diese Weise entsteht ein neues Gemeinsames, das weitere Aspekte in den Prozess einbringt.

Die *Stuhlrunde* schließt die G-KIP-Sequenz ab. Erst jetzt wird reflektiert, was im Gruppentagtraum geschehen ist. Mit Blick auf die erlebten Bildersequenzen, das miteinander geschaffene Dritte, wird einem »emotionsgetragene(n) Durchdenken« (Leuner et al. 1986) Raum gegeben. Die Stuhlrunde dient dem emotionalen und kognitiven Verstehen der Symbole, der Dynamik im Gruppentagtraum und den anderen Komponenten der G-KIP. Jetzt lassen sich u. a. Interaktionen, Vermeidungen und progressive Elemente betrachten, um sie in einen Sinnzusammenhang mit biographischen Spuren und aktuellen Mustern zu stellen. Üblicherweise endet eine Gesamteinheit der G-KIP mit einer rückblickenden Abschlussrunde, die auch eine Mitteilung zu den individuellen Befindlichkeiten beinhaltet.

8.3 KIP in der Klinik

Andrea Friedrichs-Dachale

Hanscarl Leuner entdeckte das Potenzial einer affektnahen, symbolisch angereicherten imaginativen Psychotherapie während seiner Arbeit an der psychiatrischen Universitätsklinik in Göttingen. Er entwickelte die von ihm als »katathym« bezeichnete Imaginationsmethode zunächst an stationär in seiner Klinik behandelten Patienten. Zusammen mit den Mitarbeitern der ersten Stunde erforschte er über den Behandlungsansatz im Einzelsetting hinaus auch die therapeutischen Möglichkeiten im Gruppensetting (Leuner et al. 1986). Aus dieser Zeit gibt es zahlreiche Veröffentlichungen zur klinischen Anwendung, die eine ihrer Stärken in der Kurzzeittherapie hat (Leuner 2012).

Durch die Ausweitung der psychotherapeutischen Versorgung kam es zu einer Verlagerung des Anwendungsschwerpunkts der KIP in den ambulanten Bereich. Doch auch für den stationären und teilstationären Bereich gibt es wirksame Behandlungsansätze der KIP, die vermehrte Beachtung verdienen – gerade auch vor dem Hintergrund der veränderten Behandlungsbedingungen und Verweildauern in den psychiatrisch-psychotherapeutischen Krankenhäusern (Friedrichs-Dachale und Smolenski 2012).

Die KIP wird in psychotherapeutischen Abteilungen psychiatrischer Krankenhäuser und in psychosomatischen Rehabilitationskliniken in verschiedenen Varianten angeboten. Die Art der Modifikation hat sich am Versorgungsauftrag der jeweiligen Klinik zu orientieren. Die KIP ist eine integrativ ausgerichtete Methode, die über eine ausbalancierte Kombination von supportiven und konfliktbearbeitenden Elementen flexibel in ein klinisches Behandlungskonzept einzubinden ist. Gruppenkonzepte gibt es für einzelne Krankheitsbilder, z. B. Adipositas, und für bestimmte Personenkreise, z. B. Adoleszente (Biel et al. 2014). Als erlebnisorientierte Methode lässt sich die KIP gut mit kreativitätsfördernden und körperpsychotherapeutischen Ansätzen verbinden (Berger-Becker und Grothaus-Neiss 2012). Auf der Homepage der AGKB kann man sich über KIP-Konzepte einiger Kliniken informieren (www.agkb.de).

Trotz der Schwere der stationär oder teilstationär psychotherapeutisch zu behandelnden Störungen und Krankheiten sehen die Vorgaben der Kostenträger oft eng begrenzte Behandlungszeiten vor. Um Qualität und Effektivität zu gewährleisten, bedarf es einer gezielten, fokussierenden Therapieplanung für den jeweiligen Patienten. Hier bewähren sich die kurzzeittherapeutischen Qualitäten der KIP, deren affektgetragene, symbolische Ebene der Imagination von Anfang an zur diagnostischen und therapeutischen Fokussierung beiträgt (▶ Kap. 4). Auf der Ebene des Tagtraums inszenieren sich nah am affektiven, sinnlich-körperlichen Erleben in bildhafter Weise verschiedene Bindungsthemen, unbewusste Bedürfnisse, Beziehungswünsche, innerpsychische Konflikte und Verhaltenstendenzen. Ressourcen, Kompetenzen, Zukunftsvisionen, Lösungsansätze und Entwicklungsmöglichkeiten nehmen Gestalt an. Der mit der KIP arbeitende Therapeut nutzt seinen Einblick in die strukturellen und konfliktdynamischen Gegebenheiten seines Patienten für die Behandlungsplanung, nicht ohne zugleich die Dynamik der sich entwickelnden therapeutischen Beziehung zu beachten. In therapeutischer Hinsicht hat er primär stabilisierende und konfliktbearbeitende Möglichkeiten. Zum Spektrum der Einzeltherapie kommt in der Klinik ein weites Spektrum an gruppentherapeutischen Möglichkeiten hinzu, von einem primär ressourcenstabilisierenden Ansatz bis hin zu indikationsspezifischen Angeboten.

8.3.1 Diagnostische Phase

Parallel zur üblichen neurosenpsychologischen und strukturbezogenen Diagnostik (unter Einbeziehung der OPD-2) findet eine KIP-spezifische Diagnostik statt. Dieses geschieht durch einen diagnostischen Blick auf das Tagtraumgeschehen, wobei dem ersten Tagtraum eine besondere Bedeutung zukommt (▶ Kap. 4). Diagnostisch bewährt haben sich in der stationären Behandlung die Motive: Blume, Baum, Wiese und Haus. In der Diagnostikphase nehmen zentrale Themen des Patienten symbolisch Gestalt an, und man gewinnt einen Eindruck davon, ob die KIP für ihn geeignet ist. Zu den Kriterien gehört die zu beobachtende Fähigkeit des Patienten, mit der inneren Symbolwelt in Beziehung zu treten, sie für sich zu nutzen und sich auf die spezifische Übertragungsbeziehung einer KIP einlassen zu können. Der emotionale Zugang zum symbolhaften inneren Erleben kann unterschiedlich sein:

> Ein Patient imaginiert *einen Baum, zu dem er zunächst keinen gefühlsmäßigen Kontakt bekommt.* – Er kann dazu anfangs nicht viel sagen, malt aber einen eindrucksvollen Baum mit dickem pyramidenförmigem Stamm und einer großen, breiten, dichten Krone. – Im Nachgespräch stellt er fest, dass so einen Stamm nichts umhauen kann, und dass sich die breite Krone schützend über dem Stamm ausbreitet. Wenn er sich in den Baum hinein versetzt, fühlt er dessen Standfestigkeit.

> Eine Patientin imaginiert *einen abgeschnittenen Baum, der – obwohl mit Zement umgossen – einen neuen Trieb hervorbringt, der zu einem neuen jungen Bäumchen wird.* – Die Patientin erkennt in der Symbolik des Tagtraums etwas von sich selbst und ihrer Lebensgeschichte wieder. Sie hat sich von allem Schlimmen, das ihr widerfahren war, nicht unterkriegen lassen. Das stärkende und

tröstliche Bild dieses Baumes wird ihr als Symbol der eigenen Durchhaltekraft in Erinnerung bleiben.

Die initialen Imaginationen zum Motiv »Baum« weisen hier diagnostisch und therapeutisch in unterschiedliche Richtungen. Im zweiten Fall bringt die Patientin ich-strukturelle Stärken und genügend Symbolisierungsfähigkeit mit, um ohne sonderliche therapeutische Hilfestellung zu einem nachhaltig ermutigenden Evidenzgefühl zu kommen. Der vorgenannte Patient dagegen braucht einen Therapeuten, der ihn struktur- und symbolisierungsfördernd in Kontakt mit schutzgebenden Selbstanteilen bringt.

Diesbezügliche Diagnostik und Weichenstellung ist auch im Gruppensetting möglich. In einem tagesklinischen Konzept hat sich das folgende Vorgehen bewährt. Die neuen Patienten nehmen über mehrere Sitzungen hin an einer »Stabilisierungsgruppe« mit ressourcenfördernden Imaginationen teil. In einer Reihe von Sitzungen lernen die Gruppenteilnehmer im geschützten Rahmen positiv getönte, konfliktfreie Imaginationen kennen. Sie lassen dabei erkennen, wie weit sie von einer psychophysischen Entspannung profitieren, selbstfürsorglich von regressiven, bedürfnisbefriedigenden Angeboten Gebrauch machen und hilfreiche innere Objekte aktivieren oder entwickeln können.

Zum Motiv »heilsame Quelle« imaginiert eine ständig aktive und überreizte Patientin *einen laufenden fließenden Bach, der ganz klar dahin fließt. Außer den Steinen, über die er fließt, möchte sie nichts anderes sehen, keine Pflanzen und keine Umgebung. Sie beobachtet das Wasser in seinem Dahinfließen, fühlt sich dadurch beruhigt und gleichzeitig gekräftigt. An einen warmen Felsen angelehnt schaut sie aufs Wasser und stellt sich vor, dass alles Negative wegfließt. Nichts ist da, was sie stört.* – Sie ist sehr zufrieden mit dem gerade Erlebten, weil es genau das sei, was sie braucht.

Zum Motiv »wohlwollende und hilfreiche Gestalt« imaginiert eine Patientin *einen alten Weisen mit langem grauen Haar, der sie freundlich anschaut. Er gibt ihr ein Symbol für eine starke Frau in die Hand: ein umgekehrtes Kreuz mit einer Kugel. Es berührt sie,*

> *wie viel Kraft von diesem Symbol auf sie übergeht.* – Später erinnert sie sich, dass dieses Symbol aus Kreuz und Kugel in ihrem Elternhaus an der Wand hing. Nun will sie im Keller danach stöbern, um es wiederzufinden.

Am Ende einer solchen diagnostischen Phase ist deutlich geworden, ob und in welcher Form die KIP für den jeweiligen Patienten geeignet ist. Wenn Patienten mit ich-strukturellen Defiziten einen positiven Zugang zu Imaginationen entwickelt haben, können diese zur Stabilisierung und Ressourcenaktivierung eingesetzt werden. Für Patienten mit höherem Strukturniveau bietet sich die Möglichkeit einer Einzeltherapie mit KIP und/oder einer Gruppentherapie mit KIP (G-KIP) nach dem klassischen Setting (Leuner et al. 1986). Bei niedrigerem Strukturniveau sind Modifikationen notwendig, sei es für die Einzeltherapie und/oder die Gruppentherapie mit KIP (Friedrichs-Dachale und Smolenski 2012).

8.3.1.1 Therapeutische Haltung

Ich-strukturelle Störungen sind in der Klientel von Kliniken häufig anzutreffen. Die Therapie muss hier in besonderer Weise darauf ausgerichtet sein, passager Schutzfunktionen zu übernehmen, ein basales Gefühl von Sicherheit zu vermitteln, Ressourcen zu reaktivieren oder aufzubauen, strukturelle Defizite auszugleichen (▶ Kap. 7.1) und Kompetenzen zu fördern. Wöller (2015) beschreibt das Prinzip der Ressourcenaktivierung in Verbindung mit einem psychodynamischen Beziehungsverständnis als wesentlichen Beitrag zu den positiven Effekten tiefenpsychologisch fundierter Psychotherapie. Die KIP bietet hierfür gute Entwicklungsmöglichkeiten. Im Bereich der Grundstufentechnik kommt eine aufbauend wirkende, supportive Haltung zum Tragen, die dem Patienten in einer als zuverlässig haltend erlebten Beziehung ein Gefühl der Sicherheit vermittelt. In diesem Rahmen können hilfreiche Introjekte entwickelt oder wiederbelebt werden und in der Imagination symbolisch Gestalt annehmen. Der Therapeut vermittelt zwischen Affekt, Körperempfinden, Sprache und Symbolisierungen, mit besonderem Augenmerk auf das noch Unbekannte, nicht in Sprache Gefasste oder Unentwickelte, bis hin zur kreativen Vorwegnahme von Entwürfen für die Zukunft.

8.3.2 KIP im Einzelsetting

8.3.2.1 Konfliktzentrierte Einzeltherapie

Ein konfliktzentrierendes Vorgehen mit KIP ist von dem gegebenen Strukturniveau abhängig zu machen. Dabei ist nicht die Häufigkeit der Imaginationen entscheidend, sondern deren Intensität und gründliche Nachbereitung. Die Fokussierung auf den jeweiligen Konflikt erfolgt über die motivische Einleitung der Imagination (Friedrichs-Dachale und Smolenski 2012). Im Hinblick auf die Konfliktkonstellation ist es z. B. möglich, in der Imagination eine angstbesetzte Situation »einzustellen« oder einen individuellen Beziehungskonflikt in Szene zu setzen, um dieses Thema dann in seinen verschiedenen Variationen schrittweise zu bearbeiten. Es kann sich als sinnvoll erweisen, ein bestimmtes Motiv mehrmals einzusetzen, wie das folgende Beispiel einer Kurzzeittherapie veranschaulicht.

Anfallsweise Angstzustände und körperliche Symptome (Kopf- und Herzschmerzen), die im Zusammenhang mit einem Autonomie-Abhängigkeits-Konflikt stehen, führten zur teilstationären Behandlung der Patientin. In der ersten der Imaginationsübungen zur »Inspektion des Körperinneren« setzt sich die Patientin bereits auf symbolische Weise mit dem Ursachengefüge ihres Kopfschmerzes auseinander. In ihrer Vorstellung *tritt sie als kleines Männchen durch die Nase in ihren Körper ein. Ein Treppchen führt ins Gehirn. Dort blickt sie auf ein Straßengewirr, wo Autos hektisch herumsausen. Unruhegefühle und Kopfdruck stellen sich ein. Da findet sie einen Schalter und legt ihn um. Schon fahren die Autos langsamer, und die Menschen winken ihr durchs Fenster freundlich zu. Sie fühlt sich ruhiger, der Kopfdruck lässt nach.* – In diesem Tagtraum hat die Patientin (in der Hektik des Straßengewirrs) Kopfschmerzen auslösende Stressgefühle bildhaft, affektiv und körperlich durchlebt, bis sie eine symbolische Lösung zum Abschalten fand. Im freundlichen Zuwinken und in der körperlichen Entspannung erfährt sie die ersten therapeutisch induzierten Veränderungen, die ihr Mut machen für weitere imaginative Erkundungen.

Die Kopfschmerzsymptomatik stellt sich inzwischen anders dar. Sie denkt jetzt an »Durchblutungsstörungen« und erlebt dabei ein Gefühl der Unwirklichkeit. In der zweiten Imaginationsübung *tritt sie wieder durch die Nase in ihren Körper ein. Im dunklen Treppenhaus knipst sie den Lichtschalter an und gelangt in einen spärlich erleuchteten, enger werdenden Gang. Sie berührt die teils rauen, teils glatt tapezierten Wände. Die Tapete fühlt sich an wie die im Wohnzimmer der Eltern. Sie sie ist jetzt ungefähr sechs Jahre alt. Die Erwachsenen feiern fröhlich und ausgelassen, ohne das abseits stehende Kind zu beachten, das sich ausgeschlossen und traurig fühlt, wo es doch so gerne gesehen werden und dabei sein möchte. Plötzlich sind sie wieder da, ihre Symptome von vorhin: das Unwirklichkeitsempfinden und das flaue Gefühl von Durchblutungsstörungen im Kopf. Sie möchte jetzt gerne von der Mutter auf den Schoß genommen werden und bittet sie darum. Die Mutter geht sofort darauf ein, aber das Kind fühlt sich so unwohl dabei, als ob ein schwerer Sandstein auf ihm lastet. Der Druck lässt nach, als die Kleine eine andere Position einnimmt und sich aufrecht neben die Mutter setzt. So in den Kreis der Erwachsenen aufgenommen, geht es ihr gut.* (Seitdem ist keine Rede mehr von den vorangegangenen Symptomen.) – In diesem Tagtraum hat sich die Patientin mehrfach als selbstwirksam erleben können (beginnend mit dem Anknipsen des Lichtschalters). Taktile Wahrnehmungen führten zu einer Altersregression, in der es zu heftigen Affekten und schließlich zur progressionsfördernden Auseinandersetzung mit einem mütterlichen Introjekt kam. Möglichkeiten des selbstbestimmten Umgangs mit Wünschen nach Anlehnung und Unabhängigkeit zeichnen sich ab.

In zwei weiteren Imaginationen mit demselben Einstiegsmotiv wendet sich die Patientin ihren »Herzschmerzen« zu. Im ersten der beiden Tagträume *führt die Treppe zu einer Wunde am Herzen. Die Tagträumerin spürt Herzpochen und Übelkeit aufkommen, während sie sich zugleich bedrückt, einsam und traurig fühlt. Das imaginierte Herz ist von einer dicken Schleimschicht bedeckt. Sie ergreift einen Schlauch und spritzt das Herz sauber. Jetzt geht es ihr besser. – Im folgenden Tagtraum wird sie vom Therapeuten dazu angeregt, das Herz zu berühren. Herzschmerzen und Übelkeit treten in den Hintergrund, als sie die Oberfläche des Herzens eingehend betastet. Manche Stellen sind warm, andere kalt. Wie sie dem verwundeten Herzen wohl helfen könnte? Sie bedeckt es zu zwei Dritteln mit einem Muskellappen und lässt mit Bedacht eine verletzliche Ecke frei. Denn die gehört zu ihr und sollte bewahrt werden. Ruhiger, mutiger und entspannter geworden, nimmt sie ihr Herz in den Arm und verabschiedet sich.* – In den unterschiedlich empfundenen Zonen der Herzoberfläche (warm/kalt) kommt bildhaft-symbolisch eine zunehmende Fähigkeit der Wahrnehmung und Differenzierung von Affekten zum Ausdruck. Die Patientin hat an Autonomie und Handlungskompetenzen gewonnen – gegenüber der Mutter, für die sie zu funktionieren hatte, und gegenüber dem in vielen Beziehungen empfundenen Erwartungsdruck. Auf der Verhaltensebene übt sich die Patientin nunmehr darin, da und dort Härten zu zeigen (die kalten Stellen am Herz), ohne ihre weichen, sensiblen und verletzlichen Seiten zu vernachlässigen.

Eine Auseinandersetzung mit tiefer liegenden Todesängsten steht an. Zum Motiv »Ein Bild zu diesem Angstgefühl« sieht sich die Patientin *auf ihrer eigenen Beerdigung. An der strengen Pastorin auf der Kanzel sind Züge ihrer Mutter zu entdecken, bis hin zu ihrer vorwurfsvollen Miene, die schließlich eine bedeutungsvolle Szene entstehen lässt. Die Tagträumerin kann der Mutter die Meinung sagen und verliert dabei ihre Angst. Nun wechselt die Szene erneut. Die Patientin tröstet ihre trauernden Kinder zum Abschied und vermittelt Zuversicht. Erleichtert kann sie die Pastorin-Mutter zurücklassen, in Begleitung ihrer Kinder, die (als Symbol für Abschied und Neubeginn) einen Tannenzweig tragen.* – Die Patientin ist gleichsam jenseits ihres Autonomie-Abhängigkeits-Konflikts angelangt. Die Symptome sind entaktualisiert. Sie sind im Sinne einer »Desomatisierung der Affekte« in Sprache zu fassen und als Ausdruck gegenläufiger innerer Strebungen zu verstehen. Die alten Symptome sind für sie zu neuen »Freunden« geworden, die ihr immer dann Hinweise geben, wenn sie ihre Wünsche nach Zuwendung und Abgrenzung übergeht. Die teilstationäre Behandlung hat dieser Patientin geholfen, ihre Affekt- und Bedürfnislage kompetenter einzuschätzen, selbstfürsorglich mit sich umzugehen, ihre Interessen zu wahren und letztlich mit weniger Stress zu leben.

8.3.2.2 Strukturbezogene Einzeltherapie

Für Patienten mit mittlerem oder niedrigem Strukturniveau ist bei Aufnahme in die Klinik ein therapeutisches Vorgehen angebracht, das sich auf strukturelle Entwicklung, narzisstische Regeneration und auf die Förderung von Ressourcen konzentriert. Zur therapeutischen Haltung gehört eine besondere Art von spiegelnder und resonanter Präsenz, die darauf eingestellt ist, »den Patienten so zu behandeln, wie eine Mutter ihr Kind behandeln würde, dem sie zu einer sicheren Bindung verhelfen möchte« (Dieter 2010, S. 179). Hierzu das Beispiel einer mit traumatischen Erfahrungen belasteten Frau, die unter chronischen Schmerzen leidet.

Zum Motiv »Baum« imaginiert die Patientin *eine riesige Buche, die sie »hochachtungsvoll« umfasst. Es tut gut, die harte Rinde dieses Baums zu berühren, der offenbar tief in der Erde verwurzelt ist und sich dort unendlich viel Kraft holt. Die nährenden und versorgenden Qualitäten der »Muttererde« sind intensiv zu spüren. Ein Kuckuck tönt durch das Rascheln der Blätter hindurch, die von einem leichten Wind bewegt werden. Allein und doch geborgen, fühlt sie sich an diesem friedlichen Ort einfach wohl.* – Im Anschluss an die Imagination sind die Schmerzen gelindert. Bisher durch altruistische Abtretung abgewehrte regressive Bedürfnisse werden fortan wahrgenommen und ins Leben integriert. Die Therapieplanung richtet sich in einem solchen Fall auf Selbstfürsorge und Fürsorge für den eigenen Körper aus – mit Motiven wie »wohlwollende hilfreiche Gestalt«, »heilsame Quelle«, »meine Grenze«, »mein eigener Raum«.

Im Zuge einer strukturbezogenen Einzeltherapie als KIP kann im weiteren Verlauf durchaus auch ein Zustand erreicht werden, der die Bearbeitung von konflikthaften Themen gestattet. Zu Fallbeispielen im Klinikkontext sei auf Friedrichs-Dachale und Smolenski (2012) und Friedrichs-Dachale (2001) verwiesen.

8.3.3 Gruppentherapie mit KIP (G-KIP)

Im Rahmen der stationären Therapie sind aufgrund des engen Zusammenlebens der Patienten immer auch gruppendynamische Faktoren wirksam, selbst dann, wenn im gegebenen Fall einer Einzeltherapie Vorrang gegeben wird. Gruppentherapie im engeren Sinn bedarf der vorherigen Diagnostik (▶ Kap. 8.3.1) und der gezielten Indikationsstellung. Der dann zuständige Gruppentherapeut hat die ich-strukturellen Gegebenheiten der Patienten und ihr individuelles Entwicklungspotenzial stets im Auge zu behalten.

Man unterscheidet halboffene und geschlossene Gruppen. Zur stationsgebundenen Versorgung haben sich halboffene Gruppenangebote bewährt. Für die Zusammenstellung einer geschlossenen Gruppe mit homogenem Strukturniveau empfiehlt es sich, die Zeitspanne der Gruppe zu begrenzen oder die Patienten stationsübergreifend zusammenzufassen. Einige Kliniken haben ressourcenaktivierende Angebote für G-KIP oder indikationsbezogene Gruppenkonzepte mit katathymen Imaginationen entwickelt (Biel et al. 2005).

8.3.3.1 G-KIP, klassisches Setting

Das klassische Setting der G-KIP, wie es in Kapitel 8.2 dargestellt wird, eignet sich vorrangig für Patienten mit relativ stabiler Ich-Struktur und neurotischen Störungen. Dies gilt auch für den stationären und teilstationären Bereich. Indikationsgebiete sind psychosomatische Störungen, Depressionen und Angststörungen. Während der Leiter bei der ambulanten G-KIP in der Imaginationsphase der Gruppe üblicherweise eine beobachtende Position einnimmt, kann es bei stationärer Behandlung u. U. auch angezeigt sein, gezielt zu intervenieren, wenn die Situation das erfordert. In der stationär durchgeführten G-KIP haben sich u. a. die folgenden Motive bewährt: Wanderung an einem Fluss, Geisterschiff, Ballonfahrt, Märchenfiguren, 500 Jahre später, Flussfahrt. Am Ende einer geschlossen geführten G-KIP wird gerne das Motiv »gemeinsamer Besuch einer Insel« angeboten, um den Gruppenprozess abzuschließen. Weitere Beispiele finden sich bei Friedrichs-Dachale und Smolenski (2012).

8.3.3.2 G-KIP, modifiziertes Setting

Wie eingangs ausgeführt, erfordern die unterschiedlichen Bedingungen, unter denen klinische Institutionen zu arbeiten haben, Flexibilität und Modifikationen in der Anwendung der KIP. Dies betrifft auch die G-KIP. Nachfolgend wird beispielhaft das an einer psychiatrisch-psychotherapeutischen Tagesklinik praktizierte Konzept dargestellt.

Für den tagesklinischen Bereich bewährt es sich, die Alltagsgestaltung im Blick zu behalten und Regressionstendenzen zu begrenzen. Dementsprechend gehört es hier zum Konzept der G-KIP, die Imaginationen – im Gegensatz zum klassischen Setting – im Sitzen und als stille Einzelimagination von fünf Minuten Dauer durchführen zu lassen. Die Gruppensitzungen finden an drei Terminen in der Woche statt. Beim mittleren Termin stehen das Malen und Gestalten der Imaginationen im Mittelpunkt, angeleitet von einer in Imaginationsbegleitung (IFI-BS; www.ifi-bs.de) erfahrenen Ergotherapeutin. Die Leiter versuchen am Anfang jeder Sitzung, eine für den Gruppenprozess aktuell relevante Thematik auszuloten und in die Motivvorgabe einfließen zu lassen. Während der Imagination sind sie in stützender und fördernder Weise tätig. Im Anschluss an die Imagination sorgen sie für einen angemessenen Austausch über die imaginierten Inhalte und die daraus abzuleitenden Einsichten. Das folgende Beispiel stammt aus einer Phase des Gruppenprozesses, in der das Problem einer mangelnden Selbstfürsorge zum alle verbindenden Thema wurde.

> Sitzung I: Die vielen Belastungen im Umfeld von Arbeit und Familie gehen mit Erschöpfungs- und Schmerzzuständen einher. Im Hinblick auf den notwendigen Erholungsraum und mögliche Modelle

für eine angemessene Selbstfürsorge entscheidet sich der Gruppenleiter für das Motiv »heilsame Gestalt«.

Frau A. imaginiert *einen Schutzmann mit Blaulicht und Stoppschild. Damit weist er sie auf das notwendige Nein hin, wenn es darum geht, mehr auf sich zu achten und weniger Arbeit für andere zu tun.* – Diese überraschend auftauchende Gestalt will sich Frau A. künftig vergegenwärtigen, wenn Überforderung droht.

Frau B. imaginiert *eine Eidechse, die sich auf einen warmen Stein legt, Sonne »tankt« und sich durch die aufgenommene Wärme kräftigt.* – Aus einer Phase des sozialen Rückzugs aufgetaucht, erkennt Frau B. durch dieses Bild ihr Bedürfnis nach wärmenden Kontakten. Sie will mehr Raum für Beziehungen, aber auch Raum für sich allein. So eine Eidechse könne gut steuern, wann sie ihre Höhle braucht und wann sie wieder in die Sonne hinaus will.

Frau C. *imaginiert ein Faultier.* – Sie erkennt daran den Kontrast zu ihrer temporeichen Lebensführung als dynamischer Mensch, der viele Anforderungen auf sich zieht. Ein Faultier spürt, wann Ruhe angesagt ist. Es könnte für sie zu einem symbolischen Vorbild für einen achtsamen Umgang mit sich selbst werden.

Herr D. imaginiert *eine weibliche Gestalt, die ihm Ruhe und inneren Frieden vermittelt. Sie fordert ihn zum Loslassen und Entspannen auf. Mit ihren Händen erzeugt sie eine Wärme, unter der sich seine Muskeln lockern können. Herr D. vertraut sich ihr an. Er fühlt sich sicher und wohl.* – Das zu dieser Imagination gemalte Bild zeigt eine Hand, die durch die Haut hindurch bis ins Innere Wärme spendet. Herr D. empfindet das als tröstliche Geste, die ihn spirituell anmutet. Er ist berührt durch das kaum für möglich gehaltene warme und entspannte Gefühl im ganzen Körper. – In der Gruppe macht sich eine entspannte und ruhige Atmosphäre breit, mit viel Sensibilität für eigene und fremde Bedürfnisse. Man tauscht sich über Wärme und Trost in Beziehungen aus und fasst den Vorsatz, mehr dafür zu tun.

Sitzung II: Nach dem Wochenende zeigt sich, dass die nach Hause mitgenommenen Vorsätze nicht umgesetzt wurden. Es wurde viel gearbeitet, ohne auf Ruhebedürfnisse zu achten. Die allgemeine Erschöpfung hat offenbar Gründe, die in der Sozialisation wurzeln. Mehrfach wird über die Modellfunktionen und die erzieherischen Forderungen von Eltern berichtet, denen Arbeit als das Wichtigste im Leben galt. Die Gruppenmitglieder berichten von überfordernden Ansprüchen an sich und andere, mit entsprechenden interpersonellen Konflikten. Nahe Beziehungen leiden darunter, aber bisher fand man keinen Weg, sein Verhalten zu ändern. – Die Gruppenleiterin vermutet hinter dem manifesten Verhalten eine entsprechende Haltung von Perfektionismus und Selbstüberforderung, die psychodynamisch auf Einflüsse eines strengen Über-Ichs oder eines überhöhten Ich-Ideals zurückgeht. Sie gibt als Motiv vor: »der innere Chef, der mein Leben bestimmt«.

Frau A. hat gleich ihren Arbeitskollegen vor Augen. *Der Kollege erscheint um einiges größer als sie, nimmt viel Raum ein und verhält sich dominant. Sie kommt sich dagegen ganz klein vor und bringt kaum einen Ton heraus. Erinnerungen an die übermächtige Chefin der Lehrzeit stellen sich ein.* – Über die bildhafte Gestaltung findet Frau A. zu der möglichen Lösung, sich abzugrenzen, auch räumlich. (Hier hat wohl das Stoppschild-Symbol der vorangegangenen Sitzung nachgewirkt.) – In der folgenden Gruppensitzung wird von der überraschenden neuen Erfahrung eines Telefonats zu hören sein, in dem sie dem Kollegen sagen konnte, was sie an seinem Umgangston stört.

Frau B. sieht sich *vor einem großen Mann mit verkniffenem Gesicht und struppigem Haar, der böse und angestrengt wirkend auf sie herabblickt. In ihrer Verunsicherung fällt es ihr schwer, Kontakt zu ihm herzustellen, bis ihr die Idee kommt, ihn für eine Fahrradtour zu gewinnen. Erst radeln sie nebeneinander her, dann sitzen beide auf einem Tandem, sie vorne am Lenker. In entspannter Stimmung genießen beide die Fahrt. Sie wird neugierig darauf, was in der Welt noch zu entdecken ist.* – In der Nachbesprechung sieht Frau B. gleich eine Parallele zu ihrem »beamtenmäßig« arbeitsamen Vater, der sich keine Erholung gönnte und hundertprozentigen Einsatz forderte, von sich selbst wie von seiner Tochter, die sich seinen

Abb. 8.1: Wandlung des »inneren Chefs«

Perfektionismus schließlich zueigen machte. Umso mehr gefällt ihr die in der Imagination gefundene Verbindung zwischen verschiedenen Seiten am Vater und in ihr selbst. – An dem zum Tagtraum gemalten Bild amüsiert Frau B. die für sie angenehme Aufgabenverteilung: die Vordere darf lenken, der Hintere hat mehr zu treten.

Herr D. imaginiert *einen kleinen, unruhigen Mann mit Kurzhaarfrisur und Oberlippenbart, der ein Jackett aus den 1980er Jahren trägt – wie seinerzeit der Vater. Er trägt ein Klemmbrett mit augenscheinlich wichtigen Unterlagen und hält ein langes Lineal in der Hand. In seiner dominanten Wesensart delegiert er Arbeiten und macht entsprechende »Ansagen«. Auf Angebote wie Essen oder Trinken geht er nicht ein, sondern meckert nur herum. Er hat kein Ohr für die Bedürfnisse und Wünsche von Herrn D.,* der sich schließlich abwendet, um auf der Terrasse zu liegen. Mit zunehmender Entspannung genießt er die Sonne, und der Chef verblasst. – In der Nachbesprechung erinnert ihn diese Gestalt an seinen Vater, arbeitswütig, korrekt, nie krank, allenfalls an Wochenenden. Herr D.

weiß um seine vom Vater übernommene, angespannt pflichtbewusste Haltung und ist jetzt froh über die in der Imagination durchgespielte Loslösung.

Sitzung III: In der folgenden Gruppensequenz wird unter Einsatz von gestalterischen Mitteln und katathymen Imaginationen versucht, am »inneren Chef« und an sich selbst andere Seiten zu entdecken.

Frau C. imaginiert als Symbol für den inneren Chef *eine Sturmmöve. Früher wäre da ein kritischer Rabe gewesen, der auf ihr herumhackt. Eine Sturmmöve hat Überblick, steht über den Dingen, kann Wichtiges und Unwichtiges unterscheiden. Sie schützt sich durch ihre großen Flügel und kann sich von negativen Einflüssen abgrenzen. Sie erweist sich jetzt als Koordinator für andere Symbolgestalten: das Faultier, das symbolisch für die Selbstfürsorge steht, und den willensstarken Esel, der für das Durchsetzen eigener Interessen steht.* – Im weiteren Gruppenverlauf wird man sich lebhaft darüber austauschen, wie viel innere Begleiter jeder braucht, um die eigenen Bedürfnisse auszubalancieren.

Herr D. lehnt die zuletzt imaginierte Seite des inneren Chefs ab und will erreichen, dass der weniger Macht über ihn hat. Dafür könnte es gut sein, sich mit ihm zu arrangieren. Er spürt schon seit langem, dass er etwas von diesem Chef in sich hat und dadurch von seinem eigentlichen Wesen abkommt. Nun werde es darum gehen, seine »eigene Firma« in einen guten Austausch zu bringen. Herr D. würdigt das Imaginieren als gute Möglichkeit, verschiedene Aspekte seiner selbst oder unterschiedliche innere Instanzen besser zu erfassen und miteinander in Kontakt zu bringen. – Das sehen auch die anderen Gruppenteilnehmer so und steuern Ideen für weitere innere Rollen bei, z. B. einen Anwalt als Interessenvertreter für alles, was sonst zu kurz kommt, wie das Streben nach Lust oder die Wünsche nach Versorgung. Das Thema eines inneren Chefs hat sich zum Thema innerer Rollenträger weiterentwickelt, die sich abstimmen und ergänzen können. So läuft für die nächste Sitzung alles auf das Motiv »inneres Team« hinaus.

Sitzung IV: Frau B. sieht sich an einem Lagerfeuer. Ein Adler entwickelt sich aus ihr heraus und fliegt frei in die Luft. Er ist stark und ungebunden, hat den *Überblick über alles und gibt ihr ein Gefühl von Freiheit. Ein Anteil von ihr und gleichzeitig ein Wunsch! Eine Schamanin kommt hinzu, die viel Wissen darüber hat, was ihrer Gesundheit dienlich ist.* – Diesen Anteil von sich selbst, der weiß, was ihr wirklich gut tut, gelte es nun auszubauen.

Frau C. imaginiert *eine Konferenz der Tiere. Zur Versammlung sind erschienen: die Sturmmöwe, das Faultier, der Esel, der Löwe und der Rabe.* – Die eindrucksvoll auf dem Teppichboden ausgebreiteten, zum Tagtraum gemalten Bilder verdeutlichen die konstruktive, gleichberechtigte Kooperation aller Beteiligten. Nur den Raben will sie nicht dabei haben, weil der nur meckert, kritisiert, Druck macht und nicht zuhören kann. Sollte er noch einmal dazukommen, müsste der Löwe ihn mit seinem Gebrüll vertreiben. – Frau C. ist froh über die große Zahl von inneren Beratern. – Andere Gruppenteilnehmer erleben Ähnliches. Der Austausch unter inneren Beratern sei eigentlich viel wirksamer als das Aufsuchen von professionellen Beratern im persönlichen oder beruflichen Umfeld.

Herr D. gestaltet sein »inneres Team« aus Knetgummi. Das Team hat sich in einer bunten, bequemen Sitzgruppe zusammengefunden. Der früher so getrieben wirkende innere Chef sitzt jetzt bequem auf dem Sofa, eines seiner Beine lässig darauf ausgebreitet. Klemmbrett und Lineal sind beiseitegelegt. Er scheint zugänglicher geworden zu sein. Alle sitzen entspannt zusammen, um einen kleinen Tisch mit Getränken und Knabbereien versammelt. Solche Harmonie zwischen den Teammitgliedern sei ihm ein Grundbedürfnis, die werde helfen, mit dem Chef in einen guten Austausch zu kommen. Er macht sich Gedanken über die von Frau B. ins Spiel gebrachte Schamanin.

In der gerade nachgezeichneten Gruppensequenz wurden die Vorstellungsmotive aus den aktuellen Themen heraus entwickelt. Das dort zum Tragen kommende Motiv »innerer Chef« hat sich zur Bearbeitung einer Überich-Problematik allgemein bewährt, das Motiv »inneres Team« zielt auf die Förderung des Zusammenspiels von Selbstanteilen. Für andere Themenbereiche stehen ebenfalls bewährte Motive zur Verfügung: z. B. für die Klärung von Entwicklungsbedürfnissen (Weg, Neubau eines Hauses), für das Aufsuchen positiver Introjekte (alte/r Weise/r), für die Bearbeitung der Konfliktbereiche Aggression und Expansion (wildes Tier, wehrhafte Gestalt), für die Klärung einer Beziehungsdynamik (Tierfamilie, Begegnung mit einer Beziehungsperson) oder für das Ausloten von Latenzen (Märchenland, fliegender Teppich). So wichtig und hilfreich eine differenzierte Auswahl geeigneter Motive auch sein mag – Vorrang haben in jedem Fall: die jeweilige klinische Situation, der gegenwärtige Stand des therapeutischen Prozesses und die therapeutische Beziehung, wie sie sich nicht zuletzt in der Imagination zeigt. Im letzten der Beispiele ist beides in ein Bild gefasst: die Übertragung auf die (in harmonischer Stimmung rund um den Tisch versammelte) Gruppe und die Übertragung auf die (um die Gesundung des Einzelnen wissende schamanische) Therapeutin.

Zusammenfassend ist nach Darstellung der Anwendungsbereiche festzustellen, dass die KIP in der Klinik sehr gut geeignet ist, tiefgreifende Entwicklungsprozesse in Gang zu bringen. Als Kurzzeittherapie ermöglicht sie durch die Anpassung der therapeutischen Strategien und die Motivauswahl die Behandlung psychosomatischer, neurotischer und auch struktureller Störungen. Für diese Patienten wird es umso wichtiger, trotz kurzer Behandlungszeiten die Ressourcen der Patienten zu nutzen und die strukturelle Entwicklung zu fördern.

8.4 Kinder- und Jugendlichenpsychotherapie

Waltraut Bauer-Neustädter

Die KIP ist in der Behandlung von Kindern und Jugendlichen weit verbreitet. Ausführliche Darstellungen sind zu finden bei Horn, Sannwald und Wienand (2006) sowie Wienand (2012). Für Kinder ist es überhaupt nichts Ungewöhnliches, sich und andere in unterschiedliche Szenarien hineinzuphantasieren *(»Ich wäre jetzt mal der Ritter und du wärst dem sein Helfer ...«).* Diese Als-ob-Funktion der Vorstellung sowie der flexible Wechsel zwischen Phantasie und Realität sind wesentliche Voraussetzungen für die therapeutische Arbeit mit Imaginationen. Auch Jugendliche bis hin zur Spätadoleszenz neigen dazu, sich tagträumend in andere Erlebenszustände zu versetzen und so probehandelnd die Lücke zwischen Realität und Phantasie zu schließen. Diese Tendenzen kommen der therapeutischen Arbeit mit Imaginationen sehr entgegen, sodass die KIP von einem Großteil der Kinder und Jugendlichen gut angenommen wird.

Psychische Symptome und Verhaltensauffälligkeiten von Kindern und Jugendlichen sind immer auch in Bezug auf entwicklungsspezifische Anforderungen sowie unter Bindungs- und Familiendynamik-Aspekten zu betrachten, intrapsychische und interpersonelle Konflikte sind nicht voneinander zu trennen. Wesentliches Ziel der Therapie ist in der Regel die Aufhebung von Entwicklungshemmungen. Auch für die begleitende Arbeit mit den Eltern gibt es KIP-spezifische Interventionen (Wienand 2012).

Die zuvor beschriebenen Elemente der Verlaufsstruktur einer KIP (▶ Abb. 5.2 in Kap. 5) finden sich im Prinzip auch bei der Behandlung von Kindern und Jugendlichen, allerdings mit einer anderen Gewichtung. Wienand (2012, S. 290) betrachtet den gemeinsam geschaffenen Erlebnisraum (Entspannung, Tagtraum, Nachgespräch, Malen in Gegenwart des Therapeuten, Nachbesprechung des Bildes) im Hinblick auf die therapeutische Beziehung »wie ein Modell für eine gelingende Mutter-Kind-Beziehung«.

8.4.1 Entwicklungsaufgaben und Behandlungstechniken bei Kindern

Da sich der Wechsel von Realität zu Phantasien bei Kindern viel schneller und unmittelbarer vollzieht, bedarf es meist keiner langen Entspannungsinstruktion. Häufig reicht die Aufforderung, es sich bequem zu machen, die Augen zu schließen und sich z. B. einen »Baum« vorzustellen. Sofern sich ein szenisches Geschehen entwickelt, neigen Kinder dazu, in intensiver Weise körperlich mitzuagieren, die vorgestellten Bewegungen werden auch konkret körperlich ausgeführt. Die Länge der Imaginationen kann erheblich variieren. So sind es bei jüngeren Kindern manchmal nur kurze Eindrücke, die dann beim Malen weiter entwickelt und ausgestaltet werden und dadurch Bedeutung gewinnen. Ältere Kinder erleben sich gern in lang ausufernden und nicht enden wollenden Abenteuern. Andere wiederum genießen das Verweilen und die innige Verbindung. Der Charakter der Imaginationen (eher lebhaft agierend oder eher emotionsgetragen) hängt dabei von der Entwicklungsphase des Kindes ab, wie dies eindrücklich von Horn (1998) beschrieben wurde. Die Nachbesprechung ist – insbesondere bei jüngeren Kindern – eher kurz und auf wesentliche Aspekte des Erlebens beschränkt. Dem Malen zum vorangegangenen Katathymen Bilderleben (KB) im Beisein des Therapeuten kommt eine wichtige Funktion zu, hier bietet sich auch die Möglichkeit der Vertiefung des Erlebten.

Die Behandlungstechniken der KIP sind einerseits immer in Bezug auf die speziellen altersentsprechenden Entwicklungsaufgaben des Kindes zu sehen, andererseits orientieren sie sich auch am Therapieprozess. Die Motivvorgaben sind anfangs eher beziehungs- und phantasiefördernd, narzisstisch aufbauend und Bedürfnisse befriedigend, dann kompetenzerweiternd und schließlich die erreichten Veränderungen konsolidierend. Die Konfliktbearbeitung erfolgt nicht nach einem vorgegebenen Muster, Konflikte werden dann aufgegriffen und bearbeitet, wenn sie sich zeigen.

8.4.2 Entwicklungsaufgaben und Behandlungstechniken bei Jugendlichen

Als übergeordnete und nahezu allgemeingültige Ziele der Therapie von Jugendlichen können formuliert werden: die Förderung von Autonomie, die Auseinandersetzung mit konflikthaften Bereichen und die Stärkung guter Objektrepräsentanzen. In der KIP hat sich eine Reihe von Motiven zur Fokussierung der anstehenden Thematik bewährt. Auch wenn das KB seltener als bei Kindern eingesetzt wird, ist die Arbeit doch nicht weniger intensiv. Die in der Regel komplexen und vieldeutigen Bilder sind eine starke Botschaft und beinhalten meist auch Aspekte von Selbstbild, Identität und Autonomie, die eine weitere Beschäftigung mit der Thematik erfordern. Einzelne Motive werden über einen längeren Zeitraum verfolgt oder tauchen zu einem späteren Zeitpunkt wieder auf, werden so »zu Kristallisationspunkten der Selbstentwicklung, um die sich weiteres Material anreichert« (Wienand 2012, S. 304).

Neben den Grundstufentechniken (▶ Kap. 5.2) gibt es spezifische Techniken, die sich für die Jugendlichentherapie besonders eignen: das assoziative Vorgehen, die Arbeit mit Fortsetzungsmotiven, der induzierte Dialog und die Rollen- und Perspektivübernahme (Horn et al. 2006). Dazu gehören auch spezifische Motive, die das Thema des Übergangs anregen, wie z. B. »Brücke« (Bauer-Neustädter 2008) oder »Tor«.

Angesichts der im Jugendlichenalter zentralen Autonomie-Abhängigkeits-Thematik erscheint es auf den ersten Blick kontraindiziert, ein regressionsorientiertes Therapieangebot zu machen. Dennoch ist die Arbeit mit Imaginationen ausgesprochen lohnend. Nicht zuletzt besteht ein Potenzial der KIP darin, regressive Prozesse mit progressiven Impulsen zu verbinden, altersgemäße Spannungsfelder zu verdeutlichen und damit Blockierungen zu lösen. Für den Therapeuten ist es hilfreich, wenn nicht gar notwendig, über ausreichend Frustrationstoleranz zu verfügen, wenig kränkbar und vor allem äußerst flexibel – und dennoch authentisch – zu sein, um sich von überraschenden Wendungen und Übertragungsbereitschaften nicht verunsichern zu lassen (▶ Kap. 6).

8.4.3 Qualifizierung des Therapeuten

Neben den fachlich-methodischen Kenntnissen braucht der Kinder- und Jugendlichenpsychotherapeut auch eine Reihe persönlicher Kompetenzen, insbesondere einen leichten Zugang zu dem Kind in sich selbst. Dies ermöglicht es ihm, sich in das zu behandelnde Kind besser einfühlen, das kindgemäße Erleben nachspüren und ihm dann in einer ihm angemessenen Art und Weise begegnen, mit ihm spielen oder sprechen zu können. Es mindert gleichzeitig die Gefahr, sich qua Identifikation im familiären System des Patienten zu verstricken. Mit dem Modell der »Abgestuften Altersregression (AAR)« hat G. Horn (1997) ein spezifisches Vorgehen für die Selbsterfahrung des Therapeuten durch Regression in das Kinder- und Jugendalter entwickelt. In den Seminaren des Aufbaukurses KIP-KJ (▶ Kap. 11) wird regelmäßig mit dieser Technik gearbeitet.

9 Wissenschaftliche und klinische Evidenz

Leonore Kottje-Birnbacher und Ulrich Sachsse

9.1 Ist KIP nach den Kriterien der Wissenschaft und Klinik eine effiziente Psychotherapiemethode?

Die Frage, welche Therapie-Ergebnis-Forschung für die Beantwortung welcher Fragestellung die richtigen Resultate erbringt, wird aktuell wissenschaftlich kontrovers diskutiert (Strauß 2001; von Wichert 2005; Tschuschke und Freyberger 2015). Dabei geht es vor allem darum, ob randomisierte kontrollierte Studien (Randomized Controlled Trials, RCTs) für die klinische Behandlungspraxis aussagefähiger sind als naturalistische, klinische Studien. Vermutlich ergänzen beide Forschungsansätze sich gegenseitig (Leichsenring 2004; Leichsenring und Rüger 2004). Zur KIP gibt es zur Zeit noch keine RCTs, aber mehrere, auch aktuelle naturalistische Studien.

Die Skepsis, der jede neue Therapiemethode begegnet, veranlasste Leuner frühzeitig, die Wirksamkeit der KIP durch Studien zu belegen. Bereits 1979 und 1980 erschienen Arbeiten aus der Arbeitsgruppe Leuner, Wächter, Jung, Kulessa und Pudel, die überzeugend die Wirksamkeit von KIP als Kurzzeitpsychotherapie belegten (Kulessa und Jung 1979; Wächter und Pudel 1980; Wächter 1982). Diese Ergebnisse trugen wesentlich dazu bei, dass KIP als »besondere Methode der tiefenpsychologisch fundierten Psychotherapie« Bestandteil der Richtlinien-Psychotherapie wurde (Rüger et al. 2014).

Ein weiterer Forschungs- und Behandlungsschwerpunkt war die Therapie von psychosomatischen Patienten. Für psychosomatische Krankheiten ist KIP besonders geeignet, da die psychophysische Entspannung in Kombination mit positiven, das Selbstgefühl stützenden Imaginationen eine Besserung der Symptomatik bewirkt, so dass eine gute Basis für die anschließende Konfliktarbeit entsteht. Die Wirksamkeit der KIP wurde für Colitis ulcerosa, psychogene Sexualstörungen und Anorexia nervosa überprüft (▶ Kap. 7.2).

In einer kontrollierten Vergleichsstudie von Wilke (1980) wurden 58 Colitis-ulcerosa-Patienten behandelt, 23 mit KIP, der Rest mit analytisch orientierter Gesprächstherapie und Entspannungsübungen. Bei gleichen klinischen Ausgangsbefunden waren die KIP-Patienten kürzer in stationärer Behandlung (39 Tage versus 50 Tage), und die klinischen Ergebnisse der KIP waren bei der Katamnese nach zwei Jahren gegenüber der Kontrollgruppe hinsichtlich Rezidivfreiheit und Rezidivschwere überlegen.

Roth behandelte 65 Frauen mit psychosomatisch-gynäkologischen Symptomen und Sexualstörungen und 26 Männer mit Sexualstörungen mit KIP (Roth 1990). Bei 72 % der Männer und 84 % der Frauen waren bei Abschluss der Behandlung die Symptome verschwunden oder erheblich verbessert. Für 60 Patienten liegen Katamnesen von mehr als 2 Jahren vor.

Klessmann und Klessmann (1990) haben 50 Anorexie-Patientinnen ambulant behandelt und nach 6 Jahren katamnestisch untersucht. Die psychische Befindlichkeit war erheblich gebessert, das durchschnittliche Gewicht betrug bei Therapiebeginn 42,1 kg, bei Therapieende 47,1 kg, bei der Katamneseerhebung 53,8 kg.

Eine vom Design her anspruchsvolle Studie zur Wirksamkeit von KIP in der ambulanten Psychotherapie wurde unter der Leitung von Wilke durchgeführt (von Wietersheim, Wilke et al. 2003). 67 Patienten, mehrheitlich Frauen, überwiegend mit depressiver Symptomatik, wurden zu Beginn, nach 25 Stunden, nach 50 Stunden und 18 Monate nach Beendigung der Therapie psychologisch untersucht. Von den untersuchten Patienten beendete ein Drittel die Therapie bis zur 50. Stunde (wie vom Studiendesign vorgesehen war), bei den übrigen dauerte die Therapie zum Teil wesentlich länger. Imaginiert wurde im Schnitt jede dritte bis vierte Stunde.

In allen verwendeten Fragebögen (Beschwerdeliste, Befindlichkeitsskala, Depressions- und Angst-Fragebogen, Freiburger Persönlichkeitsinventar) ergaben sich deutliche Effekte vom pathologischen in den Normbereich, die zwischen Therapieende und Katamnese noch zunahmen. Diese zum Teil sehr markanten positiven Veränderungen leiden allerdings in ihrer wissenschaftlichen Aussagekraft darunter, dass etliche Patienten in der Wartegruppe nicht bereit waren, so lange mit dem Beginn der Therapie zu warten, wie es vom Design her notwendig gewesen wäre. Daher schrumpfte die Wartekontrollgruppe erheblich, so dass sie keine Zufallsvergleichsgruppe mehr war und die statistische Auswertung des Vergleichs der behandelten Patienten mit denen aus der Wartegruppe nicht voll aussagekräftig wurde. Trotz dieser methodischen Einschränkung war die deutliche Verbesserung bei den untersuchten Patienten – vor allem in den Bereichen körperliche Beschwerden, Befindlichkeit, Depressivität, Lebenszufriedenheit und emotionale Labilität – sehr eindrucksvoll. Diese Studie zeigt auch, warum Forschung in einem nicht auflösbaren Dilemma steckt: zwischen wissenschaftlichen Kriterien und ethisch gebotener Behandlungsnotwendigkeit. Es gibt weitere nicht auflösbare Konfliktbereiche, die für die Versorgungsforschung bedeuten: je wissenschaftlicher, umso realitätsferner; je naturalistischer, umso unwissenschaftlicher. Wissenschaft ist stets reduktionistisch, und irgendwann werden durch reduktionistische Forschung erworbene Ergebnisse für die Versorgungsrealität irrelevant.

Derzeit ist eine weitere naturalistische Evaluationsstudie zur Wirksamkeit ambulanter Behandlungen mit KIP publiziert (Imruck, Bahrke et al. 2009; Sachsse, Imruck et al. 2016); eine österreichische Studie ist in der Publikationsphase (Sell, Taubner et al. in Vorbereitung; Sell, Möller et al. in Vorbereitung). Die Effektstärken der Besserungen bewegen sich in dem Bereich, der aktuell für Psychotherapie generell (Wittmann, Lutz et al. 2011) und tiefenpsychologisch fundierte Psychotherapie im Besonderen gefunden wird (Leichsenring 2007; Geiser, Trautmann-Voigt et al. 2014).

9.2 Unterscheiden sich Imaginationen vom üblichen Miteinander-Sprechen? Physiologische Unterschiede

Qualitative Forschung ermöglicht es, spezifische Fragestellungen an kleinen Gruppen von Probanden suffizient zu untersuchen. Die dabei eingesetzte Forschungsmethodik ist oft zu aufwändig, um an größeren Samples Anwendung finden zu können. Die Forschung zu klinischen Prozessen beim Imaginieren kann als Grundlagenforschung einen Einstieg in die Frage ermöglichen, wie die klinisch gut belegte Wirksamkeit von KIP bei psychosomatischen Patienten zu verstehen sein mag. Diese Forschung steht noch in den Anfängen.

Zwei voneinander unabhängige explorative Studien an 8 bzw. 10 gesunden Probanden untersuchten Blutdruck, Herzfrequenz und EEG während Gesprächsphasen und während Imaginationsphasen (Stigler 1993; Stigler 1994). Dabei ergaben sich folgende Unterschiede:

1. In der Phase der Entspannung sank die Pulsfrequenz erwartungsgemäß ab, und es erhöhten sich überraschenderweise gleichzeitig sowohl der systolische und (in geringerem Ausmaße) der diastolische Blutdruck.
2. In der Übergangsphase während der Motivvorgabe und zu Beginn der Imagination erhöhten sich Blutdruck und Pulsfrequenz.
3. In der Phase der Imagination waren Blutdruck und Pulsfrequenz erhöht und auch das EEG stärker aktiviert als im Baseline-Ruhezustand und während der Entspannung. Die stärkste EEG-Aktivierung fand sich im linken Okzipitalbereich.
4. Bei der Imagination einer körperlichen Anstrengung waren systolischer und diastolischer Blutdruck (aber kaum die Pulsfrequenz) erhöht und zwar beim imaginierten Radfahren auf einen Hügel stärker als beim imaginierten Radfahren im Flachland.

Imaginieren ist offenbar kein passiv-regressiver Vorgang, sondern geht mit einer Aktivierung von Hirnprozessen und kardio-vaskulären Veränderungen einher. Eine imaginierte körperliche Anstrengung bewirkt eine reale Erhöhung des Blutdrucks.

9.3 Wodurch wirkt KIP? Emotionale Veränderungen beim Imaginieren

Stigler und Pokorny untersuchten therapeutische Sitzungen mit computergestützten Inhaltsanalysen und wiesen nach, dass 1. die Imaginationssequenzen mehr Primärprozess-Vokabular enthielten als die Gesprächssequenzen; dass 2. die Imaginationen mehr Emotions-Vokabular, insbesondere mehr positive Emotionswörter enthielten als Sequenzen ohne Imagination; dass 3. Imaginationen mehr auf referentielle Aktivität hinweisendes Vokabular enthielten (mehr erlebnisnahe Versprachlichungen, wenig Abstraktionen und Generalisierungen) (Stigler und Pokorny 2000, 2001). Insgesamt überwiegt in katathymen Imaginationen das Primärprozess-Vokabular und in den Gesprächssequenzen das Sekundärprozess-Vokabular. In den Imaginationen kommt es offenbar besonders häufig zu positiven Emotionswörtern. Dem entspricht subjektiv die Intensität des Erlebens und Fühlens in den imaginierten Szenen und die wohltuende ich-stabilisierende Wirkung positiver Imaginationen. Es kann in den Imaginationen sowohl ein »emotionales Auftanken« stattfinden als auch eine Aktivierung und Bearbeitung emotional bedeutsamer konflikthafter Situationen.

10   Institutionelle Verankerung

Christoph Smolenski

Als Hanscarl Leuner in der Mitte des letzten Jahrhunderts auf experimentellem Weg symbolisch ausgeformte Imaginationen evozierte, realisierte er rasch deren therapeutisches Potenzial. Zwanzig Jahre später hatte sich das von ihm als »Symboldrama«, »Katathymes Bilderleben« (KB) oder »Tagtraumtechnik« bezeichnete klinische Vorgehen zu einer wissenschaftlich begründbaren, in sich konsistenten Methode der Anwendung von Imaginationen im Rahmen einer tiefenpsychologischen Psychotherapie weiterentwickelt. Zur Förderung der methodenspezifischen Forschung und Lehre wurde 1974 in der BRD die Arbeitsgemeinschaft für Katathymes Bilderleben und imaginative Verfahren in der Psychotherapie (AGKB; www.agkb.de) gegründet. In diesem Vereinsnamen ist der Begriff »Katathymes Bilderleben«, unter dem die Methode ursprünglich bekannt geworden war, bis heute erhalten geblieben. Der später eingeführte offizielle Begriff »Katathym Imaginative Psychotherapie« (KIP) soll deutlich machen, dass die spezifischen Imaginationen hier in einen therapeutischen Prozess eingebunden sind. Im englischen Sprachraum und in den Fachgesellschaften einiger europäischer Länder ist der Begriff »Symboldrama« üblich.

Dem Beispiel der AGKB folgend wurden europaweit nationale Institute zur Förderung von Forschung und Ausbildung gegründet (vgl. www.agkb.de/partnerlinks). Die Deutsche Gesellschaft für Katathym Imaginative Psychotherapie (DGKIP; www.dgkip.de) ist der Dachverband für die beiden deutschen KIP-Gesellschaften, die schon vor der Wende 1989 etabliert waren. Für die nationalen Fachgesellschaften gibt es seit 1977 einen länderübergreifenden Verband, die Internationale Arbeitsgemeinschaft für Katathymes Bilderleben und imaginative

Verfahren in der Psychotherapie (IGKB). Der IGKB obliegt u. a. die Organisation von internationalen Kongressen.

Zur institutionellen Verankerung der KIP gehört neben der Ebene der nationalen Fachgesellschaften eine regionale Ebene, die zum einen Teil an die einzelnen Fachgesellschaften gebunden ist, zum anderen Teil an staatlich anerkannte Ausbildungsinstitute. Als Beispiel seien die traditionsreichen Institute in Andernach und Saarbrücken genannt (www.rhein-eifel-institut.de; www.sitp.de). Darüber hinaus wird die KIP auch an einigen Kliniken vermittelt, und zwar im Zuge der postgraduierten Weiterbildung für Psychologen und Ärzte.

Neben den turnusmäßig stattfindenden »zentralen« Seminaren oder Tagungen geht von den nationalen Fachgesellschaften auch die dezentrale Organisation relativ selbstständiger regionaler Seminare aus. Die deutschen Tagungsorte und -zeiten können über die Homepage der AGKB abgerufen werden. Dort findet man Hinweise zu den Wochenendveranstaltungen des Kompakt-Curriculums (▶ Kap. 11). Wer Kenntnisse und Erfahrungen aus anderen Verfahren oder Methoden mitbringt, kann hier didaktisch »kompakt« und in überschaubarer Zeit die Grundlagen der KIP erlernen. Dem in Deutschland oder der Schweiz praktizierten Kompakt-Curriculum ist ein Modell gegenüberzustellen, wie es von der österreichischen Fachgesellschaft vertreten wird (www.oegatap.at). Dort gibt es neben den zentralen und regionalen Seminaren kontinuierliche Ausbildungsgruppen. Aufgrund der gesetzlichen Vorgaben wird die KIP in Österreich als eine eigenständige Methode der Psychotherapie vermittelt. Zugang zum Beruf des Psychotherapeuten haben hier unter bestimmten Voraussetzungen auch Ausbildungsteilnehmer, die nicht Psychologie oder Medizin studiert haben.

In Deutschland setzt die Ausübung von Psychotherapie ein Medizin- oder Psychologiestudium voraus. Für die Kinder- und Jugendlichentherapie gibt es davon abweichende Zulassungsvorgaben. An der Imagination und ihren Anwendungen sind aber auch andere Berufsgruppen aus dem psychosozialen Bereich interessiert, ohne damit einen psychotherapeutischen Anspruch zu verbinden. Um diesem Interesse zu begegnen und adäquates Wissen zu vermitteln, wurde 2004 das Institut zur Förderung der Imagination in Beratung und Supervision (www.ifi--bs.de) gegründet.

11 Hinweise zu Aus-, Fort- und Weiterbildung

Andrea Friedrichs-Dachale

Hanscarl Leuner war nicht nur ein kreativer Wissenschaftler, sondern auch ein guter Didaktiker. Sein wegweisendes, umfassendes Lehrbuch (Leuner 2012) ist gut strukturiert und baut die Kenntnisse der Methode schrittweise auf, veranschaulicht durch viele klinische Beispiele. Bereits vor der Zeit der Manuale schrieb er ein Praxishandbuch. Nicht nur dort, sondern auch in den Seminaren vermittelte er seine Methode in Lernstufen, der Grund-, Mittel- und Oberstufe. Jeder dieser Stufen waren bestimmte Behandlungstechniken und Motive zugeordnet.

Das aufeinander aufbauende Lernen hat sich bis heute bewährt. Auch das in die Methode einführende Buch von Wilke (2011) orientiert sich an dieser Einteilung. Die Didaktik hat sich mittlerweile zu einem zweistufigen Lernprozess verändert, dem *Grund- und Aufbaukurs*, der im Folgenden noch erläutert wird. Dieser ermöglicht dem Fortbildungskandidaten, die KIP schrittweise zu lernen: aufbauend auf basale therapeutische Wirkprinzipien und Techniken mit großem Erlebnisspielraum und hin zu konfliktzentrierenden Motiven für spezifische therapeutische Problembereiche (▶ Kap. 5).

Die Kurse, in denen die KIP vermittelt wird, folgen einem praxisnahen didaktischen Prinzip: In den Seminaren wird in der Gesamtgruppe gelernt, zusätzlich wird in einer Kleingruppe in geschützter Atmosphäre praktisches Üben und Lernen durch Selbsterfahrung vermittelt. Im so genannten *Dreiersetting* übernehmen die Teilnehmer abwechselnd die Rolle des Patienten, des Therapeuten und des Beobachters. Im Rollenspiel wird das reguläre Setting der KIP (Vorgespräch – Imagination – Nachgespräch) geübt. Die besondere, KIP-spezifische Therapeut-Patient-Beziehung und die Behandlungstechnik finden beispielhaft Anwendung. Im Anschluss werden dazu Bilder gemalt, in denen sich die symbolisierten Inhalte verdichten. Im Unterschied zur realen Therapie malen nicht nur der *Patient*, sondern auch der *Therapeut* und der *Beobachter* ein Bild, so dass deren Gegenübertragungs-Reaktionen Ausdruck finden. Dann werden anhand der Bilder der Ablauf des Tagtraums, der therapeutische Prozess und die Übertragungs-Gegenübertragungs-Reaktionen aufgearbeitet. Die imaginative Erlebniswelt vermittelt den Teilnehmern in allen drei Rollen eine effektive, nachhaltig wirkende Selbsterfahrung.

Der dreistufige Aufbau des früheren Standardcurriculums hat sich zu einem zweistufigen verändert, um den heutigen Fort- und Weiterbildungsbedingungen Rechnung zu tragen (Friedrichs-Dachale und Ullmann 2012). Die psychotherapeutische Ausbildung, sei sie tiefenpsychologisch oder verhaltenstherapeutisch, findet in den Kliniken oder in Ausbildungsinstituten statt. Daher ist die KIP entweder in Ausbildungsinstitute integriert oder bietet Fort- und Weiterbildung in dieser tiefenpsychologischen Methode an. Häufig sind die Teilnehmer Kandidaten eines Ausbildungsinstituts, in Weiterbildung einer Klinik oder sind bereits approbiert. Als integrative Methode kann die KIP gut auf Vorkenntnisse aufgebaut werden, so dass auch Psychotherapeuten, die nicht primär psychodynamisch orientiert sind (Verhaltenstherapeuten, Gesprächstherapeuten, Paar- und Familientherapeuten, Hypnotherapeuten) Möglichkeiten haben, die KIP zu erlernen.

Alle curricularen Angebote für die KIP einschließlich der Kinder- und Jugendlichenpsychotherapie (KJP) finden sich auf der Internetpräsenz der beiden deutschen Fachgesellschaften (www.agkb.de; www.mgkb.org). Das aktuelle Kompakt-Curriculum der AGKB besteht aus einem Grundkurs und einem Aufbaukurs mit jeweils vier Seminaren. Diese werden regional organisiert an verschiedenen Orten angeboten, aber auch auf zentralen Seminarveranstaltungen der AGKB.

Im *Grundkurs* werden die Basiskompetenzen für die Anwendung der KIP vermittelt (erste diagnostische und behandlungstechnische Leitlinien, therapeutische Beziehung und Behandlungstechnik, Ressourcenaktivierung und Regression, Konfliktbearbeitung, Aufbau und Prozess einer KIP). Der *Aufbaukurs* ist vertiefend und behandelt spezielle Anwendungsbereiche (z. B. Psychosomatik), Techniken (Fokussieren, Durcharbeiten, Umgang mit Abwehrphänomenen sowie mit Übertragung und Gegenübertragung) und das zusätzliche Setting der KIP in der Gruppe. Für Kinder- und Jugendlichenpsychotherapeuten wird ein spezieller Aufbaukurs (KJ) angeboten. Er umfasst die Themen Entwicklungsaufgaben der Kindheit und der Adoleszenz sowie die KIP-Behandlungstechniken, bezogen auf die verschiedenen Entwicklungsstufen.

Nach Abschluss des Grundkurses kann unter Supervision behandelt werden, sofern die berufsrechtlichen Voraussetzungen vorliegen. Parallel zum Aufbaukurs wird eine Selbsterfahrung mit der KIP im Einzelsetting empfohlen. Während der Kurse stehen den Kandidaten Dozenten für Fragen der Fort- und Weiterbildung kontinuierlich beratend zur Seite.

Der Abschluss mit dem *Zertifikat Kompakt-Curriculum KIP bzw. KIP KJP (für Kinder und Jugendliche)* berechtigt zur selbstständigen Anwendung der KIP im Rahmen der jeweils gültigen berufs- und behandlungsrechtlichen Bestimmungen nach den Richtlinien der DGKIP. Damit ist eine solide Basis geschaffen, um Imaginationen fruchtbar und kompetent im Kontext der psychodynamischen Psychotherapie einzusetzen. Die KIP ist im Rahmen der Richtlinienpsychotherapie als »besondere Methode der tiefenpsychologisch fundierten Psychotherapie« abrechnungsfähig (Rüger et al. 2014). Wenn die Grundlagen für die Anwendung der KIP geschaffen sind, kann sich der Teilnehmer seinen Interessen und beruflichen Entwicklungen folgend weiterbilden und seine Erfahrungen ausweiten.

Die KIP hat eine Vielzahl von Anwendungsbereichen, zu denen auf zentralen Seminaren verschiedene Theorie- und Praxis-Seminare angeboten werden. Die Seminare vertiefen Kenntnisse in der Behandlungstechnik, erweitern das Anwendungsspektrum und geben weiterführende Informationen zu bestimmten Krankheitsbildern oder Settings. Ein Überblick ist über die Internetpräsenz der AGKB zu erhalten. Dort finden sich auch Links zu den ausländischen KIP-Fachgesellschaften und Hinweise auf gemeinsame internationale Kongresse.

Für Kollegen, deren Berufsfelder eine Differenzierung und Spezialisierung in der KIP notwendig machen, hat die AGKB verschiedene Spezial-Curricula entwickelt: Neben dem bereits erwähnten Curriculum für Kinder- und Jugendlichentherapeuten werden derzeit folgende KIP-Curricula angeboten: für Gruppentherapie, Paartherapie, Katathym Imaginative Psychotraumatherapie (KIPT) und KIP als Krisenintervention.

Literatur

Arbeitskreis OPD-KJ-2 (Hrsg.) (2013) Operationalisierte Psychodynamische Diagnostik im Kindes- und Jugendalter. Bern: Huber.
Arbeitskreis OPD (Hrsg.) (2014) OPD-2 – Operationalisierte Psychodynamische Diagnostik. Das Manual für Diagnostik und Therapieplanung. 3. Aufl. Bern: Huber.
Argelander H (1970a) Das Erstinterview in der Psychotherapie. Darmstadt: Wissenschaftliche Buchgesellschaft.
Argelander H (1970b) Die szenische Funktion des Ich und ihr Anteil an der Symptom- und Charakterbildung. Psyche 24:325–345.
Bahrke U, Nohr K (2013) Katathym Imaginative Psychotherapie. Lehrbuch der Arbeit mit Imaginationen in psychodynamischen Psychotherapien. Heidelberg: Springer.
Balint M (1970) Therapeutische Aspekte der Regression. Stuttgart: Klett.
Bauer J (2002) Das Gedächtnis des Körpers. Wie Beziehungen und Lebensstile unsere Gene steuern. Frankfurt: Eichborn.
Bauer-Neustädter W (2008) »Bridge Over Troubled Water« – die Imagination als Brücke in der Therapie Adoleszenter und junger Erwachsener. In: Bürgi-Kraus M, Kottje-Birnbacher L, Reichmann I, Wilke E (Hrsg.) Entwicklung in der Imagination – Imaginative Entwicklung. Lengerich: Pabst. S. 211–220.
Berger-Becker N, Grothaus-Neiss R (2012) Zur Kombination der KIP mit anderen Methoden. In: Ullmann H, Wilke E (Hrsg.) Handbuch Katathym Imaginative Psychotherapie. Bern: Huber. S. 450–463.
Beucke H (2008) Intersubjektivität. Die Dekonstruktion der Perspektiven von Patient und Therapeut. Forum Psychoanal 24:3–15.
Biel G, Friedrichs-Dachale A, Pahl-Hoffmann I (2005) Gruppen-KIP im stationären Rahmen – was hat sich verändert, was hat sich bewährt? In: Kottje-Birnbacher L, Wilke E, Krippner K, Dieter W (Hrsg.) Mit Imaginationen therapieren. Lengerich: Pabst. S. 331–350.
Biel G, Friedrichs-Dachale A, Smolenski C (2014) KIP in Kliniken. Powerpointpräsentation 13. Intern. Kongr. für KIP »Imagination Identität Kreativität«. 13.–15.06.2014 in Bratislava. Unveröffentlicht.
Bion WR (1990) Lernen durch Erfahrung. Frankfurt: Fischer.

Bollas C (1987) Der Schatten des Objekts. Stuttgart: Klett-Cotta.

Bolle R (2005) Schattengeschwister. Die Aktive Imagination nach C. G. Jung und die Katathym imaginative Psychotherapie (KIP) nach H. Leuner. In: Kottje-Birnbacher L, Wilke E, Krippner K, Dieter W (Hrsg.) Mit Imaginationen therapieren. Lengerich: Pabst. S. 37–50.

Breuer J, Freud S (1991) Studien über Hysterie. Frankfurt am Main: Fischer Taschenbuch. Nachdruck der Erstausgabe (1895) Leipzig und Wien: Franz Deuticke.

Bürgin D (1998) Einleitung. In: Koukkou M, Leuzinger-Bohleber M, Mertens W (Hrsg.) Erinnerung von Wirklichkeiten, Bd. II. Stuttgart: Verlag Internationale Psychoanalyse. S. 14–30.

Cassirer E (1923) Der Begriff der symbolischen Form im Aufbau der Geisteswissenschaften. In: Recki B (Hrsg.) (2009) Ernst Cassirer Gesammelte Werke, Bd. 16. Hamburg: Meiner. S. 75–104.

Cassirer E (1975) Philosophie der symbolischen Formen. Dritter Teil: Phänomenologie der Erkenntnis. Darmstadt: Wissenschaftliche Buchgesellschaft.

Cremerius J (1977) Ist die »psychosomatische Struktur« der französischen Schule krankheitsspezifisch? Psyche 31:293–317.

Deneke F (2001) Psychische Struktur und Gehirn. Die Gestaltung subjektiver Wirklichkeiten. Stuttgart: Schattauer.

Desoille R (1945) Le rêve éveillé en psychothérapie. Paris, Dtsch. Ref. Psyche 1, S. 317–320.

Dieter J (2000) Symbolbildung und ihre Bedeutung für die Psychotherapie. Imagination 22(1):5–28.

Dieter J (2007) Zu dritt im imaginären Raum. Ein intersubjektives Modell für die KIP. Imagination 29(3):5–20.

Dieter W (1999) Der unterschiedliche therapeutische Umgang mit Imaginationen bei neurotischen und ich-strukturell gestörten Patienten. Imagination 21(3):72–93.

Dieter W (2000) Imagination und Symbolisierung bei neurotisch und ich-strukturell gestörten Patienten. In: Salvisberg H, Stigler M, Maxeiner V (Hrsg.) Erfahrung träumend zur Sprache bringen. Bern: Huber. S. 147–168.

Dieter W (2003) Katathym Imaginative Psychotherapie bei Angstneurosen. Imagination 25(4):5–40.

Dieter W (2004) Störungsspezifische KIP-Therapie der Depression. Imagination 26(2):5–50.

Dieter W (2006) Explizite und implizite Behandlungstechnik. Imagination 28(1):5–29.

Dieter W (2010) Der unterschiedliche Umgang mit Imaginationen bei neurotischen und strukturell gestörten Patienten In: Kottje-Birnbacher L, Sachsse U, Wilke E (Hrsg.) Psychotherapie mit Imaginationen. Bern: Huber. S. 171–190.

Dieter W (2012) »Wer weiß denn, dass ich im Weltraum bin.« Die Bedeutung einer impliziten Behandlungstechnik für die KIP bei schwersten und frühesten Störungen der Symbolisierung. Imagination 34(1–2):84–100.
Dieter W (2013) KIP bei narzisstischen Störungen. Teil 2: Anwendungen. Imagination 35(1):49–75.
Dieter W (2014) Katathym Imaginative Psychotherapie bei Zwangsneurosen. Imagination 36(1):49–78.
Eibach H (2010) Imagination in der Psychotherapie mit körperlich schwer kranken Menschen. In: Kottje-Birnbacher L, Sachsse U, Wilke E, (Hrsg.) Psychotherapie mit Imaginationen. Huber: Bern. S. 263–280.
Engel GL, Schmale AH (1969) Eine psychoanalytische Theorie der somatischen Störungen. Psyche 23:241–263.
Ermann M (2005) Explizite und implizite psychoanalytische Behandlungspraxis. Forum Psychoanal 21:3–13.
Ermann M (2007) Psychosomatische Medizin und Psychotherapie. Stuttgart: Kohlhammer.
Ermann M (2009) Einführung in die Psychosomatik und Psychotherapie. Ein Arbeitsbuch für Unterricht und Eigenstudium. 2. Auflg. Stuttgart: Kohlhammer.
Ermann M (2014) Der Andere in der Psychoanalyse. Die intersubjektive Wende. Stuttgart: Kohlhammer.
Fonagy P, Gergely G, Jurist EL, Target M (2004) Affektregulierung, Mentalisierung und die Entwicklung des Selbst. Stuttgart: Klett Cotta.
Frederking W (1948) Über die Tiefenentspannung und das Bildern. Psyche 2:211–228.
Freud S (1917) Vorlesungen zur Einführung in die Psychoanalyse. GW Bd. 11. London: Imago. S. 7–482.
Friedrichs-Dachale A (2001) Innere Begleiter überwinden die Kränkung. In: Ullmann H (Hrsg.) Das Bild und die Erzählung in der Psychotherapie mit dem Tagtraum. Bern: Huber. S. 125–138.
Friedrichs-Dachale A, Smolenski C (2012) KIP in der Klinik. Möglichkeiten und Anwendungsbereiche. In: Ullmann H, Wilke E (Hrsg.) Handbuch Katathym Imaginative Psychotherapie. Bern: Huber. S. 450–463.
Friedrichs-Dachale A, Ullmann H (2012) Hinweise zu Aus-, Weiter- und Fortbildung. In: Ullmann H, Wilke E (Hrsg.) Handbuch Katathym Imaginative Psychotherapie. Bern: Huber. S. 526–554.
Geiser FS, Trautmann-Voigt S, Kaspers S, Zander D, Voigt B, Wegener I, Hofmann P, Conrad R, Imbierowicz K (2014) Evaluation ambulanter tiefenpsychologischer Psychotherapie: Ergebnisse einer kontrollierten Feldstudie. Psychosom Med Psychother 60(3):251–266.
Grawe K (1998) Psychologische Therapie. Göttingen: Hogrefe.
Grawe K (2004) Neuropsychotherapie. Göttingen: Hogrefe.

Grothaus-Neiss R (2001) Mit manchen Tieren braucht man viel Geduld. In: Ullmann H (Hrsg.) Das Bild und die Erzählung in der Psychotherapie mit dem Tagtraum. Bern: Huber. S. 155–178.
Happich C (1932) Das Bildbewußtsein als Ansatzstelle psychischer Behandlung. Zbl Psychoth 5:633–643.
Hermer M, Röhrle B (2008) Therapeutische Beziehungen: Geschichte, Entwicklungen und Befunde. In: Hermer M, Röhrle B (Hrsg.) Handbuch der therapeutischen Beziehung. Bd.1: Allgemeiner Teil. Tübingen: Dgvt. S. 15–105.
Horn G (1997) Selbsterfahrung des Therapeuten durch Regression in das Kindes- und Jugendalter. In: Leuner H, Horn G, Klessmann E (Hrsg.) Katathymes Bilderleben mit Kindern und Jugendlichen. 4. Auflage. München: Ernst Reinhardt. S. 229–252.
Horn G (1998) Kindheit und Phantasie. Entwicklungsphasen im Spiegel innerer Bilder. Lengerich: Pabst.
Horn G, Sannwald R, Wienand F (2006) Katathym Imaginative Psychotherapie mit Kindern und Jugendlichen. München: Ernst Reinhardt.
Imruck BH, Bahrke U, Sachsse U (2009) Evaluation ambulanter Behandlungen mit Katathym Imaginativer Psychotherapie. Psychologische Medizin. Suppl »Psychotherapeutische Forschung und Psychosomatische Praxis« 60. Arbeitstagung DKPM und 17. Jahrestagung DGPM Mainz 18.–21. März 2009: 57.
Jacob GA, Tuschen-Caffier B (2011) Imaginative Techniken in der Verhaltenstherapie. Psychotherapeutenjournal 11(2):139–145.
Kast V (2012) Imagination. Zugänge zu inneren Ressourcen finden. Ostfildern: Patmos.
Kernberg OF (1975) Borderline-Störungen und pathologischer Narzissmus. Frankfurt: Suhrkamp.
Kirn T, Echelmeyer L, Engberding, M (2009) Imagination in der Verhaltenstherapie. Heidelberg: Springer.
Klessmann E, Klessmann H (1990) Ambulante Psychotherapie der Anorexia nervosa unter Anwendung des Katathymen Bilderlebens. In Leuner H, Horn G, Klessmann E (Hrsg.) Katathymes Bilderleben mit Kindern und Jugendlichen. Reinhardt: München, Basel. 177–189.
Kohut H (1973) Narzissmus. Frankfurt: Suhrkamp.
Kosslyn S M, Thompson W L, Kim I, Alpert N M (1995) Topographical representations of mental images in primary visual cortex. Nature 378:496–498.
Koukkou M, Lehmann D (1998) Die Pathogenese der Neurose und der Wirkungsweg der psychoanalytischen Behandlung aus der Sicht des »Zustandswechsel-Modells« der Hirnfunktionen. In: Koukkou M, Leuzinger-Bohleber M, Mertens W (Hrsg.) Erinnerung von Wirklichkeiten, Bd. II. Stuttgart: Verlag Internationale Psychoanalyse. S. 162–195.
Kottje-Birnbacher L (1992) Strukturierende Faktoren des Katathymen Bilderlebens. Prax Psychother Psychosom 37:164–173.

Kottje-Birnbacher L (1998) Die Katathym-imaginative Psychotherapie als tiefenpsychologisch-systemische Psychotherapie. Imagination 20(4):53–69.
Kottje-Birnbacher L (2001) Einführung in die katathym-imaginative Psychotherapie. Imagination 23(1):5–78. (www.agkb.de/images/pdf/einfuehrung/KiP-¬ Imagination-1.pdf, Zugriff am 20.06.2015).
Krapinger G (Hrsg.) (2011) Aristoteles. De Anima. Über die Seele. Stuttgart: Reclam.
Kretschmer E (1922) Medizinische Psychologie. Stuttgart: Thieme.
Kulessa C, Jung F (1979) Die Effizienz einer 20stündigen Kurzpsychotherapie mit dem Katathymen Bilderleben: Eine testpsychologische Untersuchung. Psychosom Med Psychoanal 25(3):274–293.
Lammers C-H (2011) Emotionsbezogene Psychotherapie. Grundlagen, Strategien und Techniken. Stuttgart: Schattauer.
Legrum P (2001) Die Hexe und ihr Seelsorger. In: Ullmann H (Hrsg.) (2001) Das Bild und die Erzählung in der Psychotherapie mit dem Tagtraum. Bern: Huber. S. 269–288.
Leichsenring F (2004) Randomized controlled versus naturalistic studies: A new research agenda. Bulletin of the Menninger Clinic 68:137–151.
Leichsenring F (2007) Zur Frage empirisch bewährter Therapie: Befunde zur psychodynamischen Therapie. ZPPM Zeitschrift für Psychotraumatologie, Psychotherapiewissenschaft, Psychologische Medizin 5(2):25–37.
Leichsenring F, Rüger U (2004) Psychotherapeutische Behandlungsverfahren auf dem Prüfstand der Evidence Based Medicine (EBM). Randomisierte kontrollierte Studien vs. naturalistische Studien – Gibt es nur einen Goldstandard? Psychosom Med Psychother 50:203–217.
Leuner H (1954) Kontrolle der Symbolinterpretation im experimentellen Verfahren. Z Psychoth Med Psychol 4:201–204.
Leuner H (1955) Experimentelles Katathymes Bilderleben als ein klinisches Verfahren der Psychotherapie. Z Psychoth Med Psychol 185–203/233–260.
Leuner H (1964) Das assoziative Vorgehen im Symboldrama. Z. Psychother Med Psychol 14:196–221.
Leuner H (1969) Guided Affective Imagery (GAI). A Method of Intensive Psychotherapy. Am J Psychotherapy 23:4–22.
Leuner H (2012) Katathym Imaginative Psychotherapie. Grundstufe – Mittelstufe – Oberstufe. 4. Auflg. Bern: Huber.
Leuner H, Kottje-Birnbacher L, Sachsse U, Wächter M (1986) Gruppenimagination. Bern: Huber.
Linke-Stillger U (2012a) Die unheimliche Gestalt. Kurztherapeutisches Arbeiten mit Katathym Imaginativer Psychotherapie. Psychotherapie im Dialog (PiD) 13:38–42.
Linke-Stillger U (2012b) Gruppentherapie mit KIP. In: Ullmann H, Wilke E (Hrsg.) Handbuch Katathym Imaginative Psychotherapie. Bern: Huber. S. 394–424.

Luborsky L (1995) Einführung in die analytische Psychotherapie. 2. Auflage. Göttingen: Vandenhoeck & Ruprecht.

Markowitsch H, Welzer H (2006) Das autobiographische Gedächtnis. Hirnorganische Grundlagen und biosoziale Entwicklung. Stuttgart: Klett-Cotta.

Ogden Th (2006) Das analytische Dritte, das intersubjektive Subjekt der Psychoanalyse und das Konzept der projektiven Identifizierung. In: Altmeyer M, Thomä H (Hrsg.) Die vernetzte Seele. Stuttgart: Klett-Cotta. S. 35–64.

Orange DM, Atwood GE, Stolorow RD (1997) Working intersubjectively. Contextualism in psychoanalytic practice. Hillsdale: Analytic Press.

Panksepp J (1998) Affective Neuroscience. The Foundations of Human and Animal Emotions. New York: Oxford University Press.

Reddemann L, Sachsse U (1996) Imaginative Psychotherapieverfahren zur Behandlung in der Kindheit traumatisierter Patientinnen. Psychotherapeut 41:169–174.

Reddemann L, Stasing J (2013) Imagination. Tübingen: Psychotherapie-Verlag.

Rieforth J, Graf G (2014) Tiefenpsychologie trifft Systemtherapie. Eine besondere Begegnung. Göttingen: Vandenhoeck & Ruprecht.

Rohde-Dachser C (2010) Schwermut als Objekt. Psyche 64:862–889.

Roth JW (1982) Die Dimension des Leibes und ihre Bedeutung im Katathymen Bilderleben. Schweiz. Arch. Neurol. Psychiatrie 131/1:69–80.

Roth JW (1984) Psychosexualtherapie mit Hilfe des Katathymen Bilderlebens bei sexueller Lusthemmung. In: Mitteilungen Ges prakt Sexualmed 4.

Roth JW (1990) Das KB in der Behandlung von Sexualstörungen und gynäkologisch-psychosomatischen Symptomen. In: Leuner H, Wilke E (Hrsg.) Das Katathyme Bilderleben in der psychosomatischen Medizin. Huber: Bern. S. 266–273.

Rudolf G, Grande T, Henningsen P (2002) Die Struktur der Persönlichkeit. Theoretische Grundlagen zur psychodynamischen Therapie struktureller Störungen. Stuttgart: Schattauer.

Rudolf G (2006) Strukturbezogene Psychotherapie. Stuttgart: Schattauer.

Rüger U, Dahm A, Dieckmann M, Neher M (Hrsg.) (2014) Faber/Haarstrick. Kommentar Psychotherapie-Richtlinien. 10. Aufl. Urban & Fischer: München.

Sachsse U, Wilke E (1987) Die Anwendung des Katathymen Bilderlebens bei psychosomatischen Erkrankungen. Theoretische Überlegungen zu Anwendungen in der Praxis. Prax Psychother Psychosom 32:46–54.

Sachsse U, Imruck BH, Bahrke U (2016) Evaluation ambulanter Behandlungen mit Katathym Imaginativer Psychotherapie KIP. Eine naturalistische Studie. Ärztliche Psychotherapie 11(2):87–92.

Salvisberg H (2005) Zum Zugang zu Gedächtnisinhalten – Die Bedeutung der prozessualen Aktivierung für die Psychotherapie. Imagination 27(4):22–37.

Salvisberg H (2012) Symbolbildung und Symbolverwendung. In: Ullmann H, Wilke E (Hrsg.) Handbuch Katathym Imaginative Psychotherapie. Bern: Huber. S. 38–65.

Sell C, Möller H, Taubner S (in Vorbereitung) Symptomreduktion und Prädiktoren des Behandlungserfolgs bei Katathym Imaginativer Psychotherapie und Hypnosepsychotherapie: Ergebnisse nach einem Jahr unter Praxisbedingungen. Manuskript eingereicht zur Publikation.

Sell C, Taubner S, Schöpfer-Mader E, Brömmel B, Möller H (in Vorbereitung) Therapeutisches Vorgehen und Interventionen bei imaginations- und trancebasierten tiefenpsychologischen Verfahren: Eine Skala zur Erfassung der Behandlungstechnik in Katathym Imaginativer Psychotherapie, Hypnosepsychotherapie und Autogener Psychotherapie. Manuskript eingereicht zur Publikation.

Schiepek G (2011) Neurobiologie der Psychotherapie. Stuttgart: Schattauer.

Schnell M (1997) Der imaginative Raum – vom Übergangsobjekt zur Objektbeziehung. In: Kottje-Birnbacher L, Sachsse U, Wilke E (Hrsg.) Die Imagination in der Psychotherapie. Bern: Huber. S. 207–215.

Schore, AN (2007) Affektregulation und die Reorganisation des Selbst. Stuttgart: Klett-Cotta.

Schultz-Henke H (1951) Lehrbuch der analytischen Psychotherapie. Stuttgart: Thieme.

Silberer H (1909) Bericht über die Methode, gewisse symbolische Halluzinationserscheinungen hervorzurufen und zu beobachten. Jb Psychoanal Psychopathol 1:513–525.

Silberer H (1911) Symbolik des Erwachens und Schwellensymbolik überhaupt. Jb Psychoanal Psychopathol 3:621–660.

Singer JL, Pope KS (Hrsg.) (1986) Imaginative Verfahren in der Psychotherapie. Paderborn: Junfermann.

Steiner B, Krippner K (2006) Psychotraumatherapie. Tiefenpsychologisch-imaginative Behandlung traumatisierter Patienten. Stuttgart: Schattauer.

Stern DN, Bruschweiler-Stern N, Lyons-Ruth K, Morgan AC, Nahum JP, Sander LW (Boston Change Process Study Group) (2012) Veränderungsprozesse. Ein integratives Paradigma. Frankfurt: Brandes & Apsel.

Stigler M (1993) Blutdruck, Herzfrequenz und EEG im Verlauf des Katathymen Bilderlebens. In: Baumann P (Hrsg.) Biologische Psychiatrie der Gegenwart. Springer: Wien. S. 738–741.

Stigler M (1994) Der hypnoide Zustand des Katathymen Bilderlebens in seinen Auswirkungen auf Blutdruck, Herzfrequenz und EEG. In: Dittrich A, Hofmann A, Leuner H (Hrsg.) Welten des Bewusstseins, Bd. 3. Berlin: Verlag für Wissenschaft und Bildung. S. 205–216.

Stigler M (2000) Ziel von Therapie und Forschung: von den Phänomenen zum impliziten Schema. In: Salvisberg H, Stigler M, Maxeiner V (Hrsg.) Erfahrung träumend zur Sprache bringen. Bern: Huber. S. 75–83.

Stigler M, Pokorny D (2000) Vom inneren Erleben über das Bild zum Wort. KIP-Texte im Lichte computergestützter Inhaltsanalyse. In: Salvisberg H, Stigler M, Maxeiner V (Hrsg.) Erfahrung träumend zur Sprache bringen. Huber: Bern. S. 85–99.

Stigler M, Pokorny D (2001) Emotions and primary process in Guided Imagery Psychotherapy: Computerized text-analytic measures. Psychotherapy Research 11(4):415–431.

Stigler M, Pokorny D (2012) Eine Dekade der KIP-Prozessforschung im Überblick. In: Ullmann H, Wilke E (Hrsg.) Handbuch Katathym Imaginative Psychotherapie. Bern: Huber. S. 122–144.

Strauß B (2001) Abschied vom Dodo-Vogel: Störungsspezifische versus allgemeine Therapie aus der Sicht der Psychotherapieforschung. Psychother Psychosom med Psychol 5:425–429.

Tschuschke V, Freyberger HJ (2015) Zur aktuellen Situation der Psychotherapiewissenschaft und ihrer Auswirkungen – eine kritische Analyse der Lage. Z Psychosom Med Psychother 61(2):122–138.

von Uexküll Th, Wesiack W (1979) Realität – soziale Wirklichkeit – und der diagnostisch-therapeutische Zirkel. In: von Uexküll (Hrsg.) Lehrbuch der Psychosomatischen Medizin. München-Berlin: Urban & Schwarzenberg. S. 72–92.

Ullmann H (1988) Übergangsphänomene und restitutive Phantasiebildung im KB. Ein Ansatz zur Nachreifung des Vaterbildes psychosomatisch Kranker. Prax Psychoth Psychosom 33:249–257.

Ullmann H (1997) Katathym-imaginative Psychotherapie im Entwurf. Handhabung und Verständnis der initialen Tagtraumübung. In: Kottje-Birnbacher L, Sachsse U, Wilke E (Hrsg.) Imagination in der Psychotherapie. Bern: Huber. S. 83–95.

Ullmann H (Hrsg.) (2001) Das Bild und die Erzählung in der Psychotherapie mit dem Tagtraum. Bern: Huber.

Ullmann H (2005) KIP und Hypnose in Konkurrenz – Gemeinsamkeiten und Unterschiede. Imagination 27(2):24–45.

Ullmann H (2008) Die Ros' ist ohn' warum. Über das Eigenleben emotionsgetragener Symbole. Imagination 30(4):5–35.

Ullmann H (2009) Die metaphorische und narrative Dimension der Katathym Imaginativen Psychotherapie (KIP). Imagination 31(2):20–45.

Ullmann H (2012a) Imagination und Psychotherapie – eine Bestandsaufnahme. In: Ullmann H, Wilke E (Hrsg.) Handbuch Katathym Imaginative Psychotherapie. Bern: Huber. S. 18–38.

Ullmann H (2012b) Mnestische Systeme und ihre Veränderung. In: Ullmann H, Wilke E (Hrsg.) Handbuch Katathym Imaginative Psychotherapie. Bern: Huber. S. 66–121.

Ullmann H (2012c) Zur Gestaltung des therapeutischen Prozesses in der KIP. In: Ullmann H, Wilke, E (Hrsg.) Handbuch Katathym Imaginative Psychotherapie. Bern: Huber. S. 146–198.

Ullmann H (2012d) Zum Sinn und Unsinn von Metaphern in der Psychotherapie. Möglichkeitsräume des Symboldramas. In: Reichmann R, Dieter W, Sieber-Ratti A, Bittner J, Ullmann H (Hrsg.) Symbol & Metapher. Imagination 34(1–2):15–40.

Ullmann H, Wilke E (Hrsg.) (2012) Handbuch Katathym Imaginative Psychotherapie. Bern: Huber.

Ullmann H (2015) Wie Konflikte zu neuen Geschichten führen: die »Zentrale Beziehungsgeschichte« in der KIP. In: Dieter W, Ladenbauer W, Reichmann I, Uhrová D (Hrsg.) Imagination – Identität – Kretivität. Imagination 37(2–3):83–98.

Wächter H-M, Pudel V (1980) Kontrollierte Untersuchung einer extremen Kurzzeitpsychotherapie (15 Stunden) mit dem Katathymen Bilderleben. In: Leuner H (Hrsg.) Katathymes Bilderleben. Ergebnisse in Theorie und Praxis. Huber: Bern. S. 126–147.

Wächter H-M (1982) Kurzzeittherapie einer neurotischen Depression mit narzisstischen Persönlichkeitsanteilen. In: Leuner H, Lang O (Hrsg.) Psychotherapie mit dem Tagtraum. Katathymes Bilderleben, Ergebnisse II. Bern: Huber. S. 112–132.

von Wichert P (2005) Evidenzbasierte Medizin (EbM): Begriff entideologisieren. Deutsches Ärzteblatt 102(22): A 1569–1570.

von Wietersheim J, Wilke E, Röser M (2003) Die Effektivität der Katathym-Imaginativen Psychotherapie in einer ambulanten Längsschnittstudie. Psychotherapeut 48:173–178.

Wienand F (2012) KIP bei Störungen im Kindes- und Jugendalter. In: Ullmann H, Wilke E (Hrsg.) Handbuch Katathym Imaginative Psychotherapie. Bern: Huber. S. 278–315.

Wilke E (1980) Das katathyme Bilderleben bei der konservativen Behandlung der Colitits ulcerosa. In: Leuner H (Hrsg.) Katathymes Bilderleben. Ergebnisse in Theorie und Praxis. Huber: Bern. S. 186–208.

Wilke E (2011) Katathym-imaginative Psychotherapie (KiP). 7., neubearbeitete Auflage von Leuner H (1970) Katathymes Bilderleben. Grundstufe. Einführung in die Psychotherapie mit der Tagtraumtechnik. Ein Seminar. Stuttgart: Thieme.

Wilke E, Leuner H (Hrsg.) (1990) Das Katathyme Bilderleben in der Psychosomatischen Medizin. Stuttgart: Thieme.

Winnicott DW (1973) Vom Spiel zur Kreativität. Stuttgart: Klett-Cotta.

Winnicott DW (1974) Reifungsprozesse und fördernde Umwelt. München: Kindler.

Wittmann WW, Lutz W, Steffanowski A, Kriz D, Glahn EM, Völkle MC, Böhnke JR, Köck K, Bittermann A, Ruprecht T (2011) Qualitätsmonitoring in der ambulanten Psychotherapie: Modellprojekt der Techniker Krankenkasse – Abschlussbericht. Hamburg, Techniker Krankenkasse. (http://www.¬tk.de/centaurus/servlet/contentblob/342002/Datei/54714, Zugriff am 14.08.2015).

Wöller W (2007) »Rechtshirniges« Beziehungsverständnis und reflektierte Methodenintegration. In: Trautmann-Voigt S, Voigt B (Hrsg.) Körper und Kunst in der Psychotraumatologie. Stuttgart: Schattauer. S. 29–39.

Wöller W (2015) Tiefenpsychologisch fundierte Psychotherapie als ressourcenbasiertes integratives Verfahren. Psychodynamische Psychotherapie 1:3–12.

Wolberg LR (1980) Handbook of Short-Term Psychotherapy. New York: Thieme-Stratton Inc.

Wurmser L (1987) Flucht vor dem Gewissen – Analyse von Über-Ich und Abwehr bei schweren Neurosen. Berlin: Springer.

Wurmser L (1998) Magische Verwandlung und tragische Verwandlung – Die schwere Neurose: Symptom, Funktion, Persönlichkeit. Göttingen: Vandenhoeck & Ruprecht.

Yalom ID (2001) Theorie und Praxis der Gruppenpsychotherapie. Ein Lehrbuch. 6. Auflg. Stuttgart: Pfeiffer.

Zarbock G (2011) Praxisbuch Verhaltenstherapie. Grundlagen und Anwendungen biographisch-systemischer Verhaltenstherapie. 3. Auflg. Lengerich: Pabst.

Zeig JK (2006) (Hrsg.) Meine Stimme begleitet Sie überallhin. 9. Auflg. Stuttgart: Klett-Cotta.

Die Autorinnen und Autoren

Dr. Harald Ullmann, Nervenarzt, Psychotherapeut und Psychoanalytiker in eigener Praxis in Karlsruhe.

Dr. Andrea Friedrichs-Dachale, Nervenärztin, Fachärztin für Psychosomatische Medizin, Psychotherapie, Ltd. Oberärztin am Asklepios Fachklinikum Göttingen.

Dipl.-Psych. Waltraut Bauer-Neustädter, Psychologische Psychotherapeutin und Kinder- und Jugendlichenpsychotherapeutin in eigener Praxis in Saarbrücken.

Dipl.-Psych. Ulrike Linke-Stillger, Psychologische Psychotherapeutin, Leiterin der Psychotherapeutischen Beratungsstelle des Studentenwerks im Saarland.

Kontaktangaben aller Beitragenden

Waltraut Bauer-Neustädter, Dipl.-Psych.
Bismarckstraße 97, 66121 Saarbrücken
praxis_wbn@t-online.de

Götz Biel, Dipl.-Psych.
Jacobistraße 5, 23701 Eutin
hg.biel@t-online.de

Wilfried Dieter, Dr. med.
Anningerstraße 6/8/7, A-2351 Wiener Neudorf
wilfried.dieter@aon.at

Andrea Friedrichs-Dachale, Dr. med.
Leitende Oberärztin der Tagesklinik
Asklepios Fachklinikum Göttingen für Psychiatrie und Psychotherapie
Am Sölenborn 8, 37085 Göttingen
dr.friedrichs-dachale@web.de

Kornelia Gees, Dipl.-Psych.
Martinistr. 15-17, 48268 Greven
info@praxis-gees.de

Barbara Hauler, Dr. med.
Reschenstraße 12, 88250 Weingarten
hauler.barbara@googlemail.com

Leonore Kottje-Birnbacher, Dr. phil. Dipl. Psych.
Düsseldorfer Str. 55, 40545 Düsseldorf
l.kottje@gmx.de

Ulrike Linke-Stillger, Dipl.-Psych.
Leiterin
Psychotherapeutische Beratungsstelle des Studentenwerks im Saarland
Campus Center, 66123 Saarbrücken
u.linke-stillger@web.de

Ulrich Sachsse, Prof. Dr. med.
Wissenschaftlicher Berater
Asklepios Fachklinikum Göttingen für Psychiatrie und Psychotherapie
Ulmenstr. 11 a, 37124 Rosdorf
ulrich.sachsse@t-online.de

Christoph Smolenski, Dr. med.
Ärztlicher Direktor
Dr. v. Ehrenwall'sche Klinik
Walporzheimer Str. 2, 53474 Ahrweiler
Sekretariat-1@ehrenwall.de

Beate Steiner, Dipl.-Psych.
Liebigstr. 13 A, 64293 Darmstadt
beate-steiner@t-online.de

Harald Ullmann, Dr. med.
Nowackanlage 15/17, 76137 Karlsruhe

Eberhard Wilke, Dr. med.
Kleine Petersgrube 7, 23552 Lübeck
he.wilke@t-online.de

Stichwortverzeichnis

A

Abschlussphase 67, 128
Acting-in 36
Aktivierung 66, 168
– emotionale 15, 169
– prozessuale 25, 66
Alexithymie 101
Als-ob-Modus 99, 126, 161
Anwendung von KIP 11, 15, 29, 52, 64, 111, 129 f., 141, 144, 154, 170 f., 173 f.
Äquivalenzmodus 99
Assoziation 57, 61, 132
Aufbaustufe 52, 56

B

Behandlungstechnik 47, 96, 161 f., 172
– explizite 29, 34, 82
– implizite 28 f., 43, 82 f., 99 f.
Bilder-Dialog 59, 61–63, 75 f.
Blumen-Test 36, 38, 40

C

Curriculum 51 f., 171, 173 f.

D

Depression 83

– Borderline- 85, 95
– narzisstische 85, 88, 92–94
– neurotische 85, 91
– psychogene 84
Diagnostik 31, 33, 35, 84, 146
Diagnostische Trias 33, 45
Diagnostisch-therapeutischer Zirkel 32
Dialog 18, 47, 53 f., 60
Dritte, das geteilte 54, 96, 137, 140, 144

E

Embodiment 23, 55
Emotion 15, 18, 23 f., 101, 107, 131 f., 139, 143, 169
Episodenaktivierung 26, 59, 66
Erlebnisraum 54, 161
Erstgespräch 31

F

Fokaltherapie 35, 64
Fokussierung 34, 46 f., 123, 149, 162
Forschung 59, 65, 95, 130, 132, 165, 167 f., 170

G

Gedächtnis 23 f., 30, 66, 83, 112

189

- episodisches 25
- explizites 25 f., 66, 95
- implizites 25, 35, 66 f., 95, 98, 139 f.

Grundstufe 14, 48 f., 51 f., 55, 87, 148

Gruppentherapie (G-KIP) 64, 141, 148, 153, 175

H

Handlungsdialog 74, 84, 95
Hilfs-Ich-Funktionen 34
Horizontales System 47
Hypnoid 60

I

Imagination 12, 15, 17–19, 25, 34 f., 46, 51, 54, 63, 66, 96, 98 f., 102, 104, 107, 113, 128, 132, 135, 138, 140 f., 153 f., 162, 166, 168 f., 171
Indikation 33, 64, 82, 110 f., 153
Initialer Tagtraum (ITT) 33, 50, 59, 71
Introjekt 96, 100, 125, 127, 148, 150, 160

K

Komponenten einer KIP 27, 30, 47, 58–60, 65 f., 132, 138, 142, 144
Konflikt 21, 29, 33, 35, 40, 52, 57, 82 f., 85 f., 94, 102, 106 f., 109, 112, 120, 128, 132, 145, 149, 160, 162, 172
Konfrontation 56, 108, 110, 128
Konsolidierung 27, 64, 66 f.
Kontraindikation 64 f., 110
Krisenintervention 34, 64, 175
Kurzzeittherapie 64, 144, 160

L

Langzeittherapie 64, 69, 127

M

Malen 58, 60 f., 73, 75, 118, 130, 132, 136–138, 140, 143, 154, 161 f., 173
Mentalisierung 28, 34, 43, 82, 98 f., 112, 114, 117
Metaphern 11, 30, 52, 54, 57, 62, 67, 127, 143
Mnestischer Prozess 23, 64, 66 f.
Modifikationen 52, 54, 56 f., 73, 101, 124, 142, 148, 154
Motive 36, 45, 49 f., 57, 66 f., 91, 110, 118, 120–122, 124, 143, 146, 152, 154, 160, 163, 172
- Standardmotive 14, 50, 52, 55, 57, 96, 120

N

Nachgespräch 59 f., 63, 78, 146, 161, 172
Nachreifung 29, 41, 43, 54, 82, 100
Nachschwingphase 39, 43, 60
Narrativ 27, 29 f., 62, 95

O

Operationalisierte Psychodynamische Diagnostik (OPD) 32, 38, 40, 70, 146

P

Phantasie 53, 66, 92, 94 f., 97, 102 f., 112, 125, 143, 161 f.
Primärprozess 17, 20, 27, 59, 62, 103, 108, 132, 138, 169
Progression 70, 104 f.

Psychophysische Entspannung 102 f., 147, 150, 165, 168

R

Regieprinzipien 49, 56
Regression 46 f., 59, 70, 74 f., 83, 94, 96, 98, 101–103, 123, 150, 154, 164, 173
Repräsentanzen 24, 29 f., 52, 72, 95 f., 112, 116 f., 125, 162
Resonanz 113, 135, 152
Ressourcen 21, 26, 31, 34, 40, 52, 90 f., 102, 117, 121, 145, 148, 152, 160
Ressourcenaktivierung 148, 173
Restitution 79, 124

S

Schutz 34, 60, 72, 101 f., 105 f., 117, 120, 125, 132, 147 f.
Setting 58, 97, 113, 129 f., 144, 149, 153 f., 172, 174
Stabilisierung 72, 93, 117 f., 123–127, 147 f.
Störung
– ich-strukturelle 29, 36, 65, 82 f., 85, 148, 160
– neurotische 29, 51, 65, 82, 85–87
– traumabedingte 29, 34, 36, 45, 65, 117, 123
Strukturniveau 83–85, 142, 148 f., 152 f.
Studien
– naturalistische 165
Symbol 13, 27 f., 30 f., 36, 46, 49, 52–55, 57, 62, 66, 71, 75, 82, 87, 95, 100, 102, 106 f., 117, 132, 139, 144, 146, 158
Symboldrama 12, 14 f., 35, 170
Symbolisierung 27 f., 95, 100 f., 107, 115, 117

Symbolisierungsfähigkeit 28, 54 f., 82, 87, 94, 100, 147

T

Tagtraum-Periode 63
Tagtraum-Sequenz 63
Tagtraumtechnik 12, 14, 49, 52, 170
Therapeutische Beziehung 33, 46, 54, 79 f., 84, 96, 123, 129, 135, 138, 160 f., 173
Therapeutische Haltung 48 f., 51 f., 58, 91, 102 f., 113, 148, 152
Therapeutischer Prozess 12 f., 30, 47, 52, 54, 57 f., 62, 71, 83, 106, 113, 128, 130, 132, 135, 160, 162, 170, 173
Traumatisierung 85, 123, 126 f.
Triangulierung, präödipale 94

U

Übertragungsbeziehung 36, 52, 55, 73, 115, 133, 135, 146

V

Verarbeitungsraum 54
Vertikales System 47 f., 51, 56
Vorgespräch 42, 59, 62 f., 101, 172

W

Wirksamkeit 82, 130, 165–168

Z

Zentrale Beziehungsgeschichte (ZBG) 35
Zentrales Beziehungskonfliktthema (ZBKT) 35

Markos Maragkos

Gestalttherapie

2016. 180 Seiten, 11 Abb., 1 Foto
Kart. € 29,-
ISBN 978-3-17-028695-5
Psychotherapie kompakt

Das Buch ist eine fundierte Einführung in die Gestalttherapie und möchte auf eine kurze, aber intensive Entdeckungsreise einladen. In Abgrenzung zu anderen psychotherapeutischen Verfahren, die sich auf die Suche nach unterbewussten Konflikten machen oder alternatives Verhalten aufbauen, stellt die Gestalttherapie die lebendige Begegnung zwischen Therapeuten und Patienten in den Mittelpunkt. Entsprechend werden psychische Störungen als Störungen des Kontakts verstanden. Viele wirksame gestalttherapeutische Interventionen, wie beispielsweise der „leere Stuhl" oder die Arbeit mit inneren Anteilen, sind längst auch von anderen Therapierichtungen übernommen worden.

Leseproben und weitere Informationen unter www.kohlhammer.de

W. Kohlhammer GmbH
70549 Stuttgart